L'ENCYCLIQUE LIBERTAS

ET LES

PRINCIPES DE 89

PAR

Mgr FÈVRE

Vicaire général
Protonotaire apostolique

———————

PARIS

G. TÉQUI, ÉDITEUR

8, RUE DE RENNES, 8,

1890

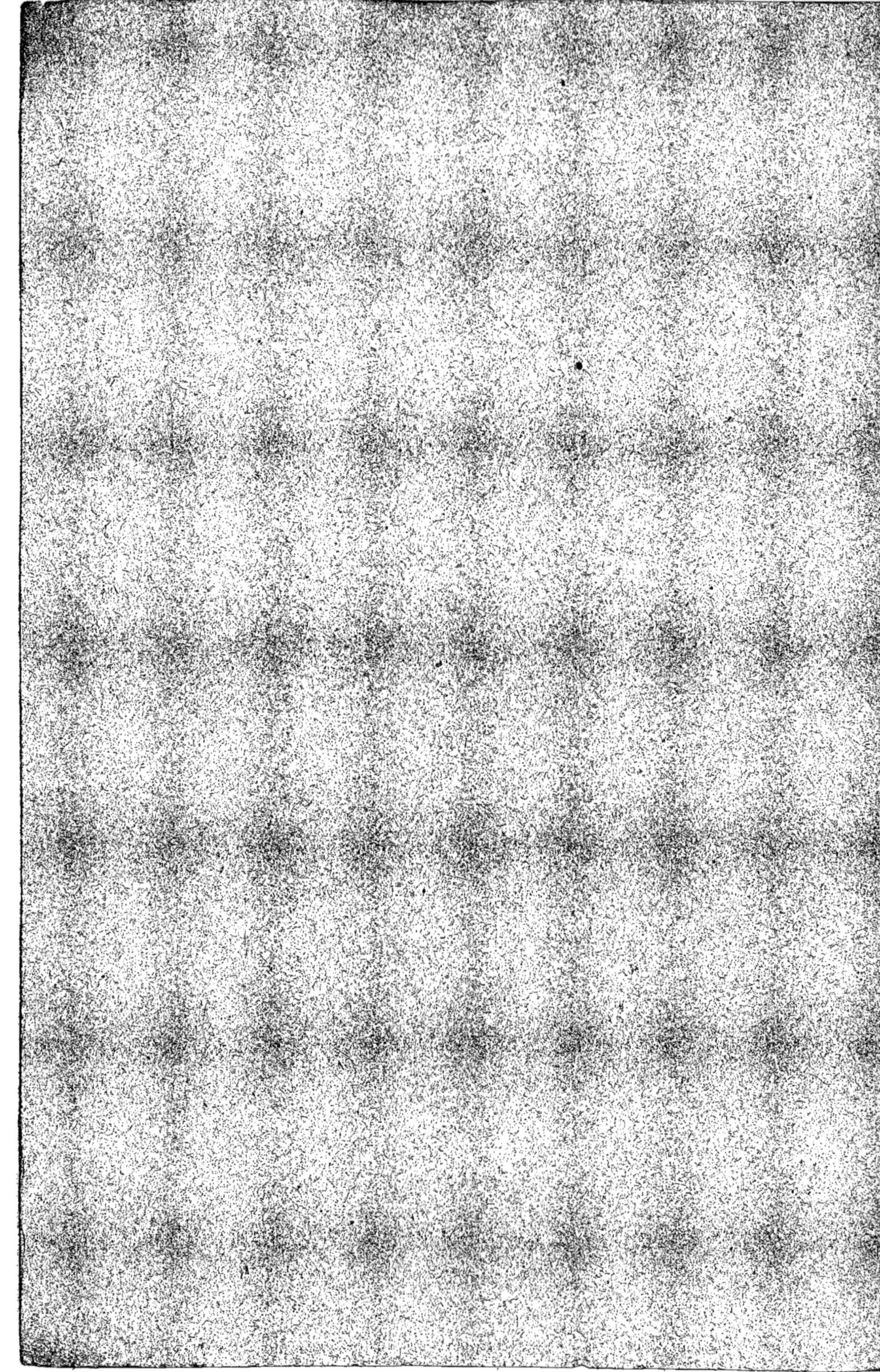

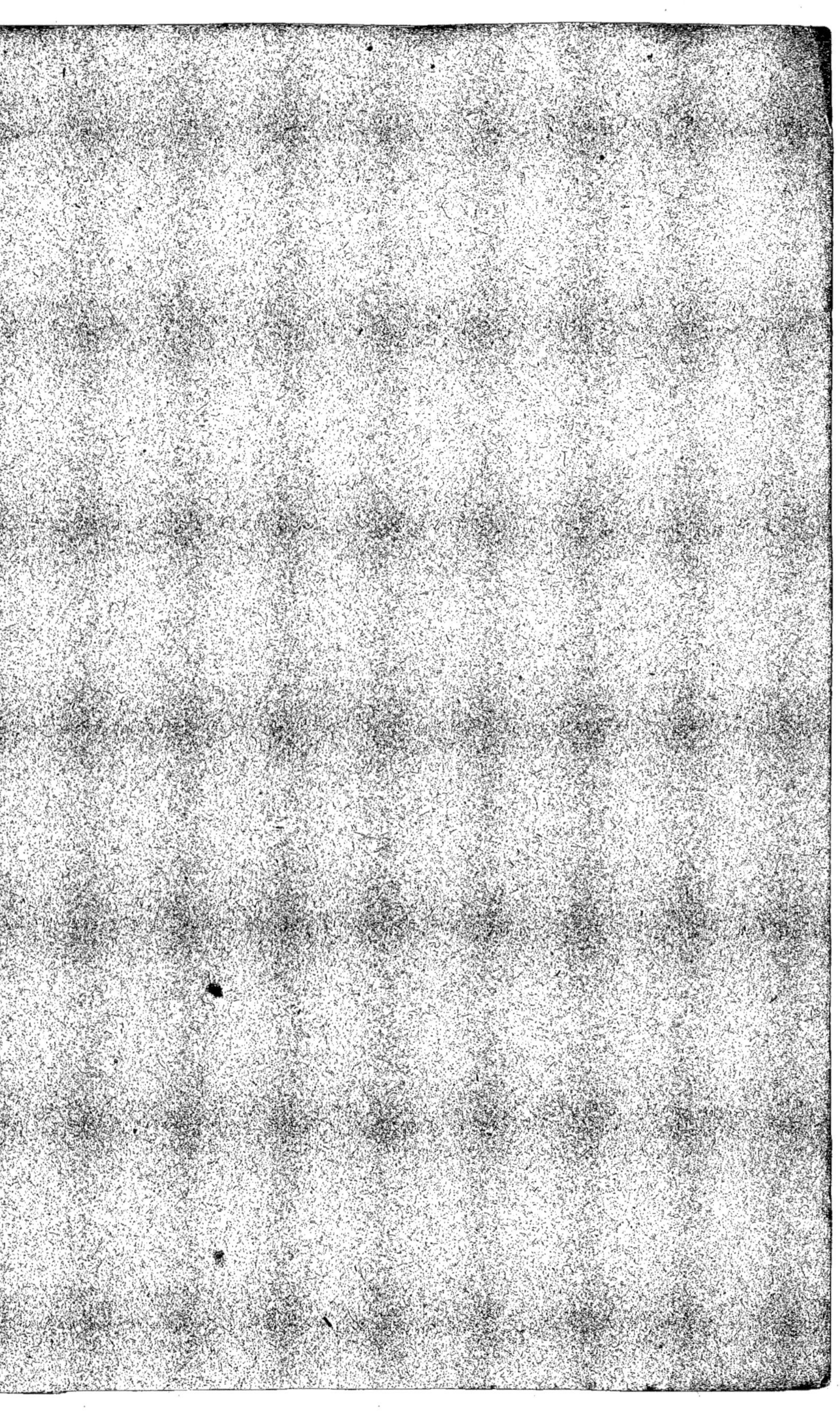

L'ENCYCLIQUE LIBERTAS

ET LES

PRINCIPES DE 89

PAR

Mgr FÈVRE

Vicaire général
Protonotaire apostolique

PARIS

G. TÉQUI, Éditeur

85, RUE DE RENNES, 85

1890

AVANT-PROPOS

Le Docteur infaillible et le pasteur suprême de l'humanité, c'est
le vicaire de Jésus-Christ, le Pontife Romain. Le Pape enseigne le
peuple fidèle en adressant aux cardinaux, archevêques et évêques,
des encycliques. Ces encycliques sont transmises aux fidèles, tantôt par la voie de la traduction pure et simple ; tantôt par la voie
de l'analyse ou de l'explication. Quand les évêques ont transmis à
leurs curés, ces hauts enseignements du Saint-Siége, il ne faut
pas croire que tout soit fait. Il reste encore, pour le plus humble
ouvrier de l'Évangile, une tâche importante et indispensable : c'est
la mise en sermons plus relevés ou en homélies populaires, des enseignements du Pape et des évêques ; c'est la transmission exacte,
claire, complète et persévérante de ces enseignements jusqu'aux
derniers enfants de la Sainte Église ; c'est le rayonnement con-
tinu des doctrines de la Chaire Apostolique, jusque dans le plus
petit village de la chrétienté « tout est soumis aux clefs de Pierre,
s'écriait Bossuet ; tous, rois et peuples, pasteurs et troupeaux ».
Puisque nous devons conformer, aux enseignements de Pierre, nos
croyances, nos actes, nos écrits, nos doctrines, il y a pour tous
les prêtres devoir de les étudier en leur particulier et de les porter
en chaire. L'encyclique *Quanta cura* et le *Syllabus*, les encycliques
Immortale Dei et *Libertas*, voilà la matière des instructions, les
plus certainement opportunes, pour la fin du xixe siècle. Le Saint-
Siége les a promulguées pour cela et non pas pour qu'on les ense-
velisse sous la poussière des archives. Le comprendre et nous y
dévouer c'est le strict devoir.

Nous avons hésité longtemps sur le parti à prendre. D'un côté,

il nous paraissait plus pratique de mettre en discours les instructions du Saint-Siége ; de l'autre, il nous paraissait téméraire de le
tenter. Pour assortir la tâche à notre faiblesse, il a paru meilleur
de venir, après plusieurs autres, pour commenter les leçons, d'ailleurs péremptoires, de Léon XIII. Résumer les erreurs religieuses,
philosophiques, politiques et sociales que le pape condamne ; leur
opposer les vérités que l'Église proclame à l'encontre : tel est en
deux mots, notre dessein.

Il est heureusement superflu de signaler, à nos lecteurs, les garanties qu'offre l'enseignement du Pontife Romain. Le Pape,
quels que soient ses talents, ses vertus, ses mérites personnels,
est, comme chef de l'Église, un homme assisté de Dieu. Quand il
définit dogmatiquement, il est infaillible ; quand il se contente d'enseigner sans définir son enseignement, il s'imprègne encore des ra-
yons de la divine assistance. On ne peut trop s'en rapporter au Pape.
En le suivant toujours, on ne peut jamais s'égarer. Que notre con-
signe soit donc celle de saint Liguori : « Paroles du Pape, paroles
de Dieu » 1

Quant à l'opportunité, à l'utilité considérable, à la haute portée
de la doctrine pontificale, c'est un sujet souvent rebattu. Depuis
Léon X jusqu'à Léon XIII, et en particulier, depuis la révolution
française jusqu'à nos jours, les Pontifes Romains n'ont tu aucun
des dogmes et des principes que Léon XIII expose. Avec une intelligence supérieure des dangers et des besoins de l'heure présente,
le Docteur et le Docteur que le Ciel nous donne, est venu à l'heure
opportune, réunir en faisceau et présenter dans une admirable harmonie, les enseignements de ses courageux prédécesseurs. Ce qui
caractérise les deux encycliques dont nous parlons, c'est leur caractère synthétique et compréhensif ; c'est une exposition logique où rien
n'est omis de ce qui peut faire éclater les vrais principes ; c'est sous
une forme saisissante et avec un bon sens victorieux, la franchise des
applications faites aux difficultés présentes ; c'est enfin le caractère
pacifique d'une parole souveraine qui met fin à des controverses
éclatantes, non moins par la lucidité de ses décisions, que par

l'humble gloire de notre obéissance. Cette dernière grâce est le plus précieux des bienfaits.

Nous possédons donc en deux documents authentiques et solennels, limpides comme l'eau de nos fontaines, cette vérité intégrale dont personne ne peut s'arroger le monopole, dont personne ne peut décliner l'empire.

L'indifférentisme a fait à l'Église de cruelles blessures ; mais nous sommes sortis de la léthargie de l'indifférence. La doctrine catholique est aujourd'hui plus ignorée que haïe. Le développement subit, les merveilleuses applications des sciences aux besoins et aux plaisirs de la vie, ont détourné les esprits de l'étude savante de la religion, et même de la philosophie. Les connaissances qui formaient la plus haute et la plus pure gloire des civilisations anciennes, inspirent l'ennui, le dédain, presque le dégoût. Les solennelles expositions des vérités dogmatiques et morales, avec le cortége imposant des raisons qui les appuient, ne trouvent plus d'écho même dans nos modernes aréopages. Ce que les organes, les plus vantés de l'opinion, appellent maintenant philosophie, ce n'est guère qu'une négation audacieuse de Dieu, et de ses attributs, le rejet absurde de toute idée de cause et même de toute métaphysique. L'origine du monde et de l'homme, la nature des sociétés diverses, les principes supérieurs du droit et du devoir, tout cela doit désormais reposer, comme la cité d'Aristophane, sur les nuages. Rien de ce qui constituait le spiritualisme chrétien, Dieu, la liberté, la loi, la justice, la vie future, les peines et les récompenses éternelles, ne figure plus dans le symbole, facultatif et mouvant, de nos contemporains. Au nom du *positivisme* et du *déterminisme*, on professe la haine de tout dogme religieux, et même de toute affirmation philosophique, si elle dépasse la sphère des vérités sensibles, modifiées et contrôlées par la physique, la chimie et les expériences du laboratoire. On ose à peine parler de la série continue des causes et des effets, tant on redoute de se croire obligé à une fin. Depuis une vingtaine d'années, des hommes célèbres, dit-on, vantés surtout, Stuart Mill, Darwin, Herbert Spencer,

Huxley, ont pris, dans le domaine de la pensée, le rôle d'agitateurs et de révolutionnaires. Une solidarité effrayante unit, dans une pensée de dissolution impie, les esprits les plus divers. Les principes mêmes de la morale naturelle se sont évanouis presque partout avec les dogmes chrétiens. Le fatalisme nie la liberté humaine, et la responsabilité morale. Le monde est un annexe de la physiologie; c'est le règne de la force aveugle, la manifestation des énergies irresponsables. Tandis que les esprits cultivés tombent dans ce nihilisme intellectuel, le peuple, sans Dieu, sans religion pratique, sans principes positifs et suffisants pour le maintenir, est livré à ses propres passions, esclave des tribuns de bas lieu, qui savent exploiter ses convoitises; le péril des âmes est grand, le danger social n'est pas moindre. On ne peut guère envisager l'avenir sans effroi.

Autrefois, on prévoyait ce que serait une société sans Dieu; aujourd'hui, on est bien près de l'expérimenter.

C'est dans ces circonstances, c'est en présence de ces périls, que Léon XIII vient exposer la doctrine catholique, substituer le portrait sincère de l'Église et de ses lois, à sa fausse et calomnieuse image. L'Encyclique *Immortale Dei*, sans discuter, sans même nommer les systèmes et leurs auteurs, expose la constitution chrétienne des États, elle montre les bienfaits sociaux de la religion, la vraie liberté, la justice, la paix. L'Encyclique *Libertas* nous dit ce qu'est l'homme, quelles sont ses facultés et leurs devoirs, à quels abîmes elles peuvent sombrer, et comment elles doivent le garer d'un tel malheur. Après avoir défendu le mariage contre le sensualisme, la société contre le socialisme et l'anarchie; après avoir replacé les lettres, l'histoire, les études philosophiques et théologiques, au rang qui leur appartient, le Pontife, théologien et homme de gouvernement, fixe les rapports de l'Église et de l'État, règle la condition de l'homme dans ces sociétés ainsi divinement constituées, dresse enfin la grande charte de l'humanité, avec cette précision de doctrine et cette largeur d'esprit qui caractérisent les grands docteurs.

Léon XIII ne se borne pas à énoncer des principes spéculatifs;

autant qu'il est nécessaire, il marque les applications pratiques.
Nous saurons désormais comment, au milieu des confusions modernes, un catholique doit se mouvoir, s'orienter, régler son action et
ses jugements.

Nous pensons que, pour tirer de ces précieux enseignements,
des fruits de grâce et de bénédiction, il faut d'abord les lire dans
leur texte original. Les lire ne suffit pas, il faut ensuite les méditer,
les pénétrer par une longue réflexion, se les approprier, se les in-
corporer par une assimilation pieuse et même fervente. Avant de
publier une encyclique, le Pape médite une année entière, quelquefois plus. C'est bien la moindre des choses que l'œuvre d'une
année de méditation, soit l'objet de nos méditations du matin, au
moins pendant un mois. A ce prix, on puise d'une façon vraiment
surnaturelle, dans le trésor de l'Église ; et l'on est vraiment docte
dans le royaume de Dieu, lorsqu'on tire, de ce trésor, *nova et
vetera.*

Pour nous, nous avons craint de troubler l'harmonie qui règne
dans ces remarquables compositions, et d'affaiblir l'impression qu'elles doivent produire dans les esprits. C'est pourquoi nous nous sommes abstenu, à proprement parler, du commentaire technique, des
gloses marginales et du développement oratoire. Nous avons étudié
les textes avec respect et docilité, et, après nous être imbu des
enseignements qu'ils apportent, nous avons pensé qu'il serait utile
a plus d'un titre, d'en offrir une synthèse et un mémorial. L'enseignement du Pape, qui s'adresse à tout l'univers, a besoin, pour
chaque pays, d'un travail d'application. Pour la France, la détermination des doctrines ne suffit pas ; il faut encore parer au double
inconvénient des oublis et des atténuations. La vie intellectuelle
est chauffée comme l'autre à toute vapeur ; sous la pression des
feuilles quotidiennes, les enseignements de la veille sont déjà vieux,
et ceux du mois précédent ne comptent plus, les enseignements du
Saint-Siège courent risque de partager la commune disgrâce. D'autant que, parmi nous, il se trouve des docteurs à large manche,
qui ne tranchent rien, ne décident rien, mais laissent commune-

ment toute chose dans l'incertitude. On suit, sans s'inquiéter de rien, le cours du temps ; on descend le penchant du siècle, sans se donner le moindre souci. On va tout doucement aux abîmes.

A notre humble avis, ceux qui, en présence des enseignements et des lois de la Chaire Apostolique, ajoutent, retranchent, ou simplement atténuent quelque chose, sont des corrupteurs ; ceux qui mettent leur propre sagesse à la place de la sagesse de Jésus-Christ et de son vicaire, sont d'absurdes et funestes docteurs. De tels procédés ne peuvent qu'éterniser les discordes et accroître les confusions. Nous répudions avec énergie ces tristes exemples. Nous ne voulons pas qu'au dernier jour, Dieu nous reproche d'avoir lésé ses droits souverains, en laissant dans le doute, la limite mal définie du devoir social. Nous ne travaillons point pour nous, mais pour l'avénement du règne de Jésus-Christ. Nous n'avons jamais rien entrepris, rien demandé, rien souhaité, rien rêvé, sans ajouter aussitôt du fond du cœur : *Non nobis, Domine, non nobis ; sed nomini tuo da gloriam, super misericordia et veritate tua.*

LES PRINCIPES DE L'ENCYCLIQUE *LIBERTAS*

ET LES DOCTRINES DE 89

PRÉAMBULE

MISÈRE DE L'HUMANITÉ ; SON SALUT PAR L'ÉGLISE ; COMMENT LES
PAPES Y TRAVAILLENT DE NOS JOURS.

I. — C'est un principe indiscutable et qui s'impose par son évidence
même. L'homme doit consacrer son esprit à la vérité, son cœur à la
vertu, son âme à l'adoration, sa vie à la justice. Mais c'est un fait également certain que l'homme par faiblesse d'esprit ou par faiblesse de cœur,
oublie volontiers le culte de Dieu, déroge aisément à la justice ou à la
vertu, et, pour justifier à ses yeux ses défaillances, se met en opposition
avec la vérité. Si vous jetez sur l'histoire un regard synthétique et
compréhensif, deux grands faits frappent vos regards : dans les temps
antérieurs à l'avénement du Christ, pendant quatre mille ans, les philosophes, les historiens, les poètes, les législateurs sont d'une égale impuissance pour maintenir intact le dépôt des traditions primitives ; les
foules aveugles se précipitent à l'adoration des idoles, à la fin tout est Dieu
excepté Dieu lui-même, et ces hommes que Dieu avait créés pour sa
gloire ne lui envoyaient plus que l'outrage ou l'oubli ; dans les temps
postérieurs à la rédemption, l'Église défend mieux que la synagogue la
révélation divine, mais que de combats au dehors, que de craintes au
dedans, pour repousser les séductions de l'hérésie, rejeter les attentats
du schisme et faire luire sur la montagne, où doivent confluer toutes les
nations, le flambeau de l'Évangile ! L'histoire des aberrations de l'esprit
humain, depuis dix-huit siècles, apporte ici de terribles et tristes enseignements. Une sorte de logique de l'erreur nie successivement ou défigure
tous les articles du symbole et tous les préceptes de la loi. L'Église répond victorieusement, par ses pontifes, par ses conciles et ses savants
théologiens, à tous les assauts de l'erreur. Phénomène curieux cependant,
à mesure que l'Église remporte des victoires, elle voit s'agrandir le
champ de bataille. A telle enseigne que, depuis bientôt quatre siècles, un

principe antichrétien se pose en face de l'Église, et sous des noms divers, lui dispute l'empire des âmes. Cette opposition, source de luttes éternelles, est le fait dominant des temps modernes; et si nous pouvions en découvrir les secrets, ce serait, pour la destinée des hommes, un profit de la plus haute importance.

Jésus-Christ, rédempteur de l'humanité, est aussi le roi des nations. Pendant mille ans, les nations baptisées reconnurent la royauté du Christ et formèrent, sous sa loi commune, la chrétienté. L'État et l'Église, distincts, unis, subordonnés, gouvernaient le monde. L'homme libre sans doute, mais enseigné, gouverné, dirigé, et, en cas de délit, punissable, marchait sous cette double direction, à travers les épreuves de la vie, vers la bienheureuse éternité. Le vicaire de Jésus-Christ était ici-bas, son chef universel et suprême. Tout relevait de la chaire Apostolique; tout « rois et peuples, pasteurs et troupeaux », dit Bossuet. Oui, l'homme individuel, le chef de famille, le simple citoyen, et l'homme public, des particuliers et les peuples, en un mot, tous les éléments quelconques de ce monde terrestre, rendirent à Jésus-Christ, hommage et soumission et s'inclinèrent avec respect et obéissance devant la haute magistrature de son vicaire.

Luther, au XVIe siècle, entreprit de renverser cet ordre. Ce qui était en bas, il le mit en haut; ce qui était en haut, il espérait, à la longue, le renverser. L'homme avait été jusque là enseigné, gouverné, dirigé; Luther, tout en niant son libre-arbitre et en proclamant sa corruption irrémédiable, par une folle imputation des mérites de Jésus-Christ, déclara l'homme libre de toute servitude, indépendant de tout pouvoir, autonome et souverain. Gerson avait écrit *De auferibilitate Papæ*; sa théorie rendait en effet le Pape inutile; Luther prononça la déchéance de la papauté. Au nom de son libre examen, en lisant la Bible sans note ni commentaire, chaque individu devait créer l'ordre de la créance et l'objet de sa foi; puis, par une conséquence forcée, après avoir réglé lui-même, ses rapports avec Dieu, il devait à plus forte raison les régler en maître dans les sphères sociales. Luther fait table rase de toutes les institutions chrétiennes; d'après sa doctrine, essentiellement révolutionnaire, chaque homme doit être son pape et son empereur, c'est l'anarchie pure.

La logique peut, d'un trait, combiner une erreur radicale; les choses humaines ne se prêtent pas à si prompts renversements. Quand le grand hérésiarque des temps modernes a ébranlé toutes les colonnes de la civilisation catholique, viennent les démolisseurs de seconde main qui prennent l'entreprise à forfait et maquignonnent des ruines. Jansénius,

Dumoulin, Richer, P. de Marca, Bossuet, Voltaire, Mirabeau, sont les principaux facteurs de cette entreprise. Sur la thèse luthérienne de l'homme machine, Jansénius bâtit une hérésie qui fait de Dieu un tyran cruel, et punit l'homme, non seulement du mal qu'il ne peut éviter, mais encore du bien qu'il fait de son mieux. Dumoulin pose, avec audace, la thèse de la séparation de l'Église et de l'État ou de l'inféodation du Pape à César. Richer, Marca et Bossuet acceptent cette thèse de séparation et abaissent le Pape dans l'Église. Voltaire table sur ces négations pour injurier le Christ. Mirabeau tire les conséquences, il veut l'expulsion du Christ, la séparation définitive de l'Église et de l'État, la mainmise de l'État sur l'Église, la constitution civile du clergé. Après quoi Proudhon, le dernier des impies, poussant à fond toutes les négations antérieures, crie avec fureur : « La propriété, c'est le vol ; la famille, c'est le vice ; Dieu, c'est le mal. Va-t-en, bourreau de ma conscience, et viens que je t'embrasse, Satan, le calomnié des prêtres ».

Guerre au pape, guerre à Jésus-Christ, guerre à Dieu : voilà les conséquences actuelles de l'impiété ; c'est sur cette triple négation que les révolutionnaires veulent réformer ou liquider l'ordre social et orienter la vie.

II. — Dieu n'a pas abandonné, aux malversations des hommes, la fortune de la vérité, l'honneur de la vertu et la majesté de la justice. Dans les premiers temps et jusqu'à leur plénitude, il intervenait lui-même pour assurer leur développement et leur respect ; depuis l'ascension de l'Homme-Dieu, cette fonction divine est dévolue à l'Église, et surtout au Pontife Romain. La dignité humaine et la grandeur morale ont donc encore un représentant et un organe ici-bas ! Captif sur un rocher solitaire et menacé jusque dans sa royale prison, l'héroïque et sublime vieillard, supérieur à toutes les iniquités et à toutes les vicissitudes, s'offre à nos regards dans la calme sérénité de la force qu'il tient d'en haut, distribuant aux uns l'encouragement et l'éloge, aux autres la condamnation et le blâme, flétrissant avec une égale vigueur les insolences de la démagogie ou les violences du césarisme, rétablissant les principes qui sont la sauvegarde de la conscience et de la liberté, relevant enfin les courages par l'affirmation du triomphe définitif de l'Église et de tous les intérêts que l'Église doit sauver.

Tel est le rôle des Pontifes Romains dans tous les siècles. En butte à la persécution sanglante, par l'effusion de leur sang, ils confessent la vérité et nous en enseignent la pratique. Vainqueurs de la persécution et obligés, sur le trône, d'entrer en compte avec la politique, ils maintiennent, contre les Césars de Byzance et contre les Césars d'Allemagne, à des prix souvent douloureux, la vérité et le droit. Depuis que la révolution moderne met en cause leur magistère souverain et infaillible, ils se raidissent avec plus de vigueur contre la violence. De Léon X foudroyant Luther, jusqu'à Léon XIII, écrivant l'Encyclique *Libertas*, vous chercherez vainement une forme, une ruse ou un mouvement d'erreur, que le Saint-Siège, n'ait pas atteint de ses anathèmes. S. Pie V, condamne les propositions de Baïus ; Innocent X déclare hérétiques les cinq propositions de Jansénius ; Alexandre VIII, frappe le livre d'Arnauld contre la fréquente communion ; la Chaire Apostolique réprouve également la distinction du fait et du droit, le silence respectueux, le cas de conscience ; et lorsque Quesnel délaie pieusement les poisons du jansénisme, il se voit brisé par Clément XI. Les quatre articles gallicans de 1682 tombent sous l'anathème d'Innocent XI, et d'Alexandre VIII. A partir de la révolution, c'est le caractère de plus en plus déterminé de l'erreur, de recourir à la violence. Pie VI à Valence ; Pie VII à Savone et à Fontainebleau ; Pie IX à Gaete, Léon XIII, prisonnier au Vatican, rendent également les oracles de l'inexorable justice et les confirment par la confession du martyre, je veux dire par ce témoignage personnel d'une proclamation scellée d'un sacrifice. *Non prævalebunt :* ils ne prévaudront point, a dit le Seigneur. Dans ce grand duel entre la *Déclaration des droits de l'homme* et l'Évangile, les papes, lutteurs sublimes et docteurs irréfragables, marquent, au peuple chrétien, la ligne de ses devoirs, et personne ne peut s'en écarter sans s'exposer à faire, dans la foi, un funeste naufrage.

La grande hérésie des derniers siècles ne s'attaque point au dogme directement ; elle se cantonne aujourd'hui plutôt dans la discipline et dans la politique. Autrefois, elle se réduisait à deux points : abaisser le Pape dans l'Église et séparer l'Église de l'État. Depuis le concile du Vatican, débusquée d'une de ses forteresses, elle a déserté le champ de l'orthodoxie, pour se fixer sur le terrain civique et mettre l'erreur parmi les droits du citoyen. Au début de cette évolution en 1789, on affectait bien encore de vouloir ramener l'Église aux splendeurs prétendues de son berceau. Cette attitude hypocrite ne se maintint pas longtemps. La guerre, une guerre implacable, digne des Néron et des Dioclétien, fut menée contre le clergé et contre toutes les institutions de la Sainte Église. Le fer et le feu furent les principaux arguments des nouveaux Mahomets. Mais depuis, le loup affecte des allures d'agneau ; il ne dit plus : Crois ou meurs ; bien emmitouflé dans sa laine postiche, il soutient, sans rougir ni trembler, qu'il est membre de cette Église qu'il ravage. Au lieu de se séparer de l'Église, qui les condamne, les partisans du loup ont adopté pour maxime fondamentale, de ne briser jamais extérieurement, de protester toujours de leur soumission aux décisions de l'Église, à la charge de trouver tous les jours de nouvelles subtilités pour les expliquer, en sorte qu'ils paraissent soumis sans changer de sentiment. Bien établis dans la place, très attentifs à louer le Pontife, et à célébrer leur soumission à ses enseignements, ils sont cependant de connivence avec l'ennemi; ils font fortune sous sa protection; et n'affectent habituellement de rigueur que contre leurs compagnons d'armes, intransigeants d'orthodoxie, disent-ils, esprits incapables de se mettre au pas de leur temps et de leur pays.

III. — C'est à une manœuvre de ce parti que doit naissance l'Encyclique *Libertas*.

« La révolution, dit un professeur de Berlin, est un système universel, une théorie radicale, qui, à partir de 1789, prétend s'imposer aux esprits comme aux volontés des nations, et définir les lois de la vie publique. Elle a pour but de constituer tous les États sous la *seule volonté* de l'homme à l'exclusion du droit Divin. Son dogme fondamental est que l'autorité, le pouvoir, ne vient *nullement de Dieu*, mais de l'homme, mais du peuple, et, partant, que l'ordre social n'a pas pour règle les commandements divins, mais les *volontés arbitraires* de l'homme et des nations ». D'où ce philosophe chrétien, quoique protestant, conclut avec autant de courage que de logique : « Le christianisme *seul* peut dompter la révolution, parce qu'il emprunte sa force et son principe à l'extrême opposé, c'est-à-dire *à l'ordre divin*; parce qu'il est la vérité qui dissipe la nuit du mensonge; enfin, parce qu'il est la véritable liberté dont la révolution n'offre que le leurre (1) ».

Ces paroles, dignes de remarque, ne sont que l'expression d'une vérité élémentaire. « La théologie, disait Proudhon, est au fond de toutes les questions contemporaines ». « La question religieuse, disait à son tour Mazzini, résume et domine toutes les autres; les questions politiques y sont nécessairement subordonnées ». Les libéraux ne pensent pas ainsi; au lieu de vouloir établir, sur la terre, le royaume de Dieu, ils confinent Dieu au ciel et réclament pour eux l'empire de la terre. Que l'Église légifère dans les sphères métaphysiques, on ne le trouve pas mauvais; mais dans la société civile, elle n'a rien à voir, et c'est là que l'homme doit faire éclater son génie. Or, les papes, qui ne sont pas et qui ne peuvent pas être libéraux, ne s'accommodent pas de ce manichéisme. Grégoire XVI, par l'Encyclique *Mirari vos*; Pie IX, par l'Encyclique *Quantâ curâ*;

---

1. Stahl, *La Révolution*.

Léon XIII, par l'Encyclique *Immortale Dei*, avaient rappelé presque dans les mêmes termes, la Charte *divine* de l'humanité. L'Encyclique *Mirari vos*, qui n'avait paru, à tort, dirigée que contre Lamennais, était tombée en oubli, quand Pie IX voulut en donner une seconde édition plus accentuée. Alors il se trouva un évêque pour en parer le coup et en énerver la force ; les catholiques libéraux s'en furent à Malines, pour y déclamer une sorte *d'Anti-Syllabus*. Léon XIII, qui, depuis son avénement, s'était appliqué à établir la solidarité nécessaire, qui noue les questions politiques aux principes religieux, voulut, après avoir traité une foule de questions particulières, donner aussi son *Syllabus* : ce fut l'Encyclique *Immortale Dei*. L'Encyclique *Immortale Dei* eut le même sort que l'Encyclique *Quanta cura* ; elle devint la proie des commentateurs qui, sous prétexte, d'en faire ressortir les doctrines, s'appliquèrent surtout à les fausser. A la suite de leurs manigances, on en était venu à croire que Léon XIII avait renié Pie IX et Grégoire XVI ; qu'il avait capitulé devant la société moderne ; et que cette société moderne, œuvre de rationalisme et de naturalisme, avait obtenu, de la Chaire Apostolique, une patente licitant le libéralisme. De là, l'Encyclique *Libertas* : c'est le Pape lui-même qui en explique ainsi, à demi-voix, la nécessité.

L'Encyclique *Libertas* est le tombeau du libéralisme. Toutes les trompettes de Jéricho avaient acclamé l'Encyclique *Immortale Dei* ; sur l'Encyclique *Libertas*, silence, ou si quelques voix libérales s'élèvent encore pour complimenter le Pape, on n'y retrouve plus l'accent du triomphe. Mais il ne faut pas oublier, malgré les commentateurs hétéroclites, que l'arme principale de Léon XIII, contre le libéralisme, c'est l'Encyclique *Immortale Dei* ; c'est par cet acte qu'il a voulu l'abattre, et si des gloses compromettantes ont voulu en faire dévier la doctrine, de manière à obliger Léon XIII à la compléter, il ne faut pas séparer le complément du corps principal, mais des deux, former un seul édifice.

C'est notre projet de faire marcher de front les deux Encycliques, de les expliquer l'une par l'autre, de les compléter par la simple juxtaposition des doctrines et de les opposer toutes deux, comme un mur d'airain, aux intrigues et aux complots, voire aux attentats du libéralisme et à tous les faux principes de 1789.

Coup d'œil rétrospectif sur l'histoire du libéralisme.

IV. — Mais d'abord il faut jeter un coup d'œil rétrospectif sur les origines et les développements de cette grande hérésie du xixe siècle.

Le libéralisme, dans son éclosion *historique*, est l'opposé de l'absolutisme; l'absolutisme royal avait absorbé, dans la personne du prince, tous les pouvoirs; le libéralisme voulut, par l'établissement des formes constitutionnelles, rendre, aux corps constitués de la nation, une partie des pouvoirs absorbés par le roi. Mais, au point de vue *doctrinal*, le libéralisme est la *même chose* que l'absolutisme; c'est le pouvoir civil qui s'affranchit de Dieu en rejetant l'autorité sociale de l'Église et la royauté de Jésus-Christ. La seule différence entre l'absolutisme et le libéralisme est dans le changement des titulaires du pouvoir : là, c'était le roi seul; ici, ce sont des assemblées. Mais que le pouvoir civil s'affirme par la volonté d'un prince, par la volonté d'un ministre, ou par la volonté d'une assemblée, individuel ou collectif, ce pouvoir rejette toujours la royauté de Jésus-Christ et l'autorité de Dieu. On le vit bien en France à partir de 1789. Dans le fait, les députés n'avaient mandat ni pour révolutionner l'État, ni pour attenter aux droits de l'Église. Cependant, une fois élus, par le serment du Jeu de Paume, ils déchirent les cahiers des électeurs et se constituent en un absolutisme à 1200 têtes, la plupart sans cervelle. Après quoi, sous l'inspiration des préjugés gallicans, jansénistes et parlementaires, ces autocrates se mettent, sous prétexte de constituer la France, à la démolir. Dans l'incohérence de leurs projets, il y a une chose qui tient toujours, c'est la guerre à l'Église. Propriétés ecclésiastiques, collèges ecclésiastiques, hôpitaux, hospices, monastères, ordres religieux, hiérarchies ecclésiastiques, tout y passa. La haine de Dieu et de son Christ, poussée jusqu'au paroxysme de la rage, c'est là le premier et le dernier mot de la révolution. Joseph de Maistre a dit le mot propre : La révolution, sous le rapport de la foi religieuse, est *satanique par essence* ; c'est *la pure impureté.*

Cette impiété, attentatoire aux droits de Dieu, de Jésus-Christ et de l'Église, mais voilée par les formes constitutionnelles et poussant son dessein à travers le chassé-croisé des élections et des délibérations des chambres, c'est ce qu'on entend, sous le rapport religieux, par libéralisme. Ce libéralisme, on le voit, ne saurait, sous aucun rapport, se confondre avec les principes, les droits et les formes légitimes de la liberté chrétienne. C'est la licence se décorant du nom de liberté; c'est, sous un nom de liberté, le synonyme d'impiété et l'hypocrisie de l'absolutisme. Sous prétexte de déclarer et de faire valoir les droits de l'homme et du citoyen, c'est le chrétien qu'on veut anéantir.

Aussi, pendant longtemps, le libéralisme fut en horreur parmi les fidèles enfants de la sainte Église. Sous ce nom trompeur, ils voyaient s'avancer une espèce de protestantisme social, qui, par les formes constitutionnelles et leur jeu régulier, devait assurer, aux trames de l'impiété révolutionnaire, un complet triomphe. Le libéralisme, c'est Pilate qui se lave les mains, mais qui fait crucifier Jésus-Christ, ou plutôt c'est le diable grimé en apôtre, détruisant de fond en comble, les pierres fondamentales de l'Église.

Pendant quarante années, il n'y eut entre le libéralisme et l'Église, aucune possibilité d'entente, aucun projet de conciliation. Le premier créateur de catholicisme libéral fut Lamennais. Jusqu'en 1830, les libéraux étaient tous, sans exception, ennemis acharnés de l'Église ; si quelqu'un eût osé dire qu'il fallait s'accommoder avec eux, il eût été traité de Judas et honni comme un traître. Les libéraux s'agitaient donc dans leur camp d'incrédulité haineuse ; les orthodoxes marchaient sous les bannières de la foi, tenant les libéraux communément pour des misérables, fils de scélérats. En 1829, Lamennais, dans son livre *Des progrès de la révolution et de la guerre contre l'Église*, avait émis l'idée, qu'à raison de l'hostilité des monarchies européennes, il y avait, pour les chrétiens, lieu de se séparer d'elles, pour suivre à part les immortelles destinées de la sainte Église. Ce qui n'était, dans cet écrit, qu'une ouverture, une proposition vague, devint l'année suivante, le programme de l'*Avenir*. L'*Avenir*, non pas pour faire profession de libéralisme, mais pour prendre une situation de combat, poussa à la séparation de l'Église et de l'État, le premier des quatre articles de 1682. Dans ses aventureuses et fougueuses polémiques, il soutint que la pratique de toutes les libertés modernes, pour les controverses de l'apologétique, offrirait à l'Église de sérieux avantages. En 1832 et 1834, Lamennais fut frappé des foudres de l'Église. Dans cette foule d'hommes d'avenir, groupés autour du maître, *pas un*, je dis pas un *seul*, ne le suivit dans sa rébellion. Le catholicisme libéral, non pas comme doctrine *positive*, mais simplement comme arme de combat, fut répudié de tous les écrivains ecclésiastiques.

Cette réprobation tint jusqu'en 1840. Il faut noter que les gallicans, qui eussent dû, par principe, sympathiser avec les théories de Lamennais, furent les plus ardents à les combattre. Depuis 1836, les catholiques de France revendiquaient la liberté de l'enseignement public, promise par la Charte. Pour l'obtenir, les catholiques s'appuyèrent d'abord sur le droit divin de la sainte Église, puis sur les promesses de la Constitution jurée par Louis-Philippe. Cette liberté d'enseignement figurait parmi les libertés modernes qui résultent des principes de la révolution. On n'y prit pas garde, et plusieurs, même parmi les évêques, ne firent pas difficulté de réclamer la liberté d'enseignement comme un

droit naturel, comme une conquête nécessaire de la société contemporaine, comme une faculté dont l'usage devait être *permis indistinctement* à tout le monde ; enfin, pour rappeler la formule, on réclamait *la
liberté comme en Belgique*. C'est à cette date que naquit, pour la seconde
fois, le catholicisme libéral ; mais il se garda bien de se formuler en
propositions ou en thèses ; il se borna à des *déclamations*, oratoires
plus ou moins, dont l'esprit public ne mesurait pas exactement la portée. C'est dans cette phase de sa gestation que Jules Morel soupçonna, le
premier, une hérésie ; il prit à partie l'abbé Godard, Falloux, Cochin,
Cruice, Ketteler, tous auteurs qui avaient abondé dans le sens de la
promiscuité doctrinale ; en opérant, sur leurs ouvrages, par de longues
analyses, avec l'appareil de Marsh, il fit sortir, sur sa lentille, la goutte
de poison que recélait dans ses flancs ce néo-catholicisme.

En 1850, Donoso Cortès fut nommé ambassadeur d'Espagne à Paris.
Le marquis de Valdégamas était un converti du libéralisme, et, de plus,
un grand esprit : il fit observer qu'on ne pouvait pas réclamer absolument, et sans réserves expresses, la liberté de propager, par l'enseignement, toutes les doctrines. Une partie de ceux qui avaient réclamé cette
liberté, sans y prendre garde, ne la réclama plus qu'avec discrétion
et dans les conditions voulues d'orthodoxie. Les autres continuèrent à
réclamer comme ci-devant, à s'appuyer sur l'esprit libéral de 89, sur la
nécessité de l'accepter comme esprit initiateur, ou, au moins, comme
fait inéluctable. Celui qui poussa le plus loin cette thèse fut Dupanloup.
Alors simple prêtre, Dupanloup, dans son livre *De la pacification religieuse*, s'était séparé, dès 1845, des évêques qui tenaient alors la direction des controverses catholiques ; il avait donné, le premier, la formule
d'un catholicisme libéral, acceptant la lettre et l'esprit des libertés modernes, comme un ensemble de lois qu'eussent pu édicter saint Louis,
Suger et Charlemagne. Montalembert, Lacordaire, Falloux, le prince
Albert de Broglie, Cochin, Foisset, Gratry, et en général les rédacteurs
du *Correspondant*, soutinrent Dupanloup dans son essai, assez vague
encore, de dogmatisation libérale. Ces écrivains étaient hommes de
talent et de zèle ; en leur privé, ils étaient catholiques de marque ; mais
ils estimaient que le catholicisme n'avait rien à faire dans la vie publique ; qu'il fallait, dans la politique, s'abstenir par prudence, d'en faire
profession : c'est-à-dire qu'ils se montraient, au point de vue social,
protestants, et au fond, athées. Louis Veuillot dénonça le libéralisme
dans cette *seconde phase* de son évolution : il attaqua l'*illusion libérale*
dans ses principales formes ; dénonça, haut la main, l'horreur de ses
aboutissements ; et, pour mieux faire savoir ce qu'il entendait par là,

il disait de prime-abord : *Sapiens heresim*. L'homme qui a du goût pour l'erreur rebelle et opiniâtre ; l'homme qui s'y attache pendant qu'elle se formule : c'est à cette marque qu'il invitait à reconnaître le libéralisme.

A partir de la dénonciation de Veuillot, le libéralisme soi-disant catholique, ne resta pas confiné dans ses illusions ; il fit acte de croyance et même de fanatisme à ciel ouvert. Ce fut, toutefois, encore en catimini, avec beaucoup de précautions et un grand étalage de réserves, à la manière d'une *conspiration*, que les fagotteurs de la nouvelle hérésie ourdirent leur trame. Depuis le pacte de la Roche en Brenil jusqu'aux Congrès de Malines, Dupanloup, Falloux, Montalembert, Cochin, Albert de Broglie, et plusieurs autres, embusqués dans le *Correspondant* et secondés par une foule de minimes, tous libéraux pur sang, menèrent cette conspiration. Dans la réalité, c'est contre Pie IX qu'ils marchaient, mais sans le dire. A leurs yeux, comme ils l'ont osé dire plus tard, son pontificat constituait la *crise de l'Église* ; c'était, en effet, pour ces libéraux, la grande épreuve, le rocher fatal. Dans le fait, ils réussirent assez bien à étrangler, en France, le Syllabus et l'Encyclique *Quanta cura*. A force de les expliquer, en mettant l'explication à côté du texte, ils commentèrent si bien qu'ils *volatilisèrent* à peu près ces deux documents. Montalembert eut même l'audace, dans son discours sur *l'Église libre dans l'État libre*, — discours qui devint bientôt une arme aux mains de Cavour, — Montalembert osa glisser une foule de propositions malsonnantes, où il contredisait formellement Pie IX. Montalembert fit plus, il demanda à Pie IX la séparation de l'Église et de l'État, et dans ses articles scandaleux sur *l'Espagne et la Liberté*, il déclare que, dût-on l'appeler hérétique et schismatique, il entend vivre et mourir dans sa créance à la liberté. Voilà, pour le libéralisme, l'ère des *conspirations*.

En 1868, le catholicisme libéral sort de ses nuages et déclare ouvertement *la guerre* à la papauté. C'est l'époque où le P. Hyacinthe, première étoile détachée du ciel libéral, s'enfuit de son couvent, flétrissant au nom, faussement invoqué, de Jésus-Christ, des doctrines qui se disent romaines, et qui ne sont pas chrétiennes. C'est le jour où Maret, évêque refusé de Vannes, doyen mal venu de la Sorbonne, docteur hétéroclite, compulse, au nom de l'Empereur, contre le Concile général et la paix religieuse, les deux gros tomes où il détrône Pie IX en lui faisant force révérences. C'est l'heure où le P. Gratry écrit ses quatre brochures absurdes, où il attaque l'Église comme une école de mensonges, l'heure où Montalembert applaudit aux adresses séditieuses de Bonn et Coblentz, et, râlant déjà l'agonie, invective contre l'idole du Vatican, l'heure où Dupanloup, cette rare figure d'intrigant, après avoir intrigué dans tout l'univers, donne une tête épiscopale à tout ce mouvement de révolte ; l'heure enfin où le catholicisme libéral fait esclandre en Bavière, schisme en Arménie, prépare dans les deux mondes une levée de boucliers et va, jusque dans Rome, tenir tête au Concile et braver Pie IX. On a rarement vu, en dehors de l'hérésie formelle et obstinée, une erreur se montrer plus impudemment et agir avec une plus audacieuse perfidie.

La définition dogmatique de l'infaillibilité pontificale fut, pour tous ces belligérants, un rude coup ; elle eût dû être le coup de mort ; mais le catholicisme libéral, pierre d'achoppement de cette fin du siècle, a la vie dure. Les libéraux vaincus à Rome, rejetés par le concile agissant sous l'inspiration du Saint-Esprit, revinrent en France sans faire aucune rétraction ni opérer aucune réforme ; et, par une transformation instantanée, quittant le terrain théologique, où ils s'étaient fait prendre, ils désertèrent les trois articles foudroyés de 1682, et s'embusquèrent dans le premier, où réside *tout le poison* du gallicanisme. Ce ne fut plus désormais dans l'Église et par l'abaissement du Pape qu'ils entendirent prévaloir, mais dans l'État qu'ils entendirent en louant beaucoup Léon XIII, faire régner les libertés modernes : ils gardaient ainsi, à force d'hypocrisie, tout le venin de leur vieille erreur. C'est avec ces prétentions hypocrites et ces manœuvres de haineux sectaires, qu'ils firent avorter en France, l'espoir d'une restauration monarchique ; ils écartèrent Henri V, firent la république, et, pour l'escamoter, créèrent le septennat. On vit alors ce que sont *intùs et in cute*, tous ces animaux de gloire : des avocats superbes, des magiciens de la parole ou de la plume, au fond des fossoyeurs, et, pour dire le mot vulgaire, des propres à rien. Ces libéraux sont des enguirlandeurs qui excellent à mener des funérailles ; ce sont des huissiers de la mort, lorsqu'elle voyage *incognito* en pays catholiques.

A l'avénement de Léon XIII, changement de front. Les libéraux qui avaient tous été les ennemis plus ou moins déclarés de Pie IX, acclamèrent Léon XIII comme Pape *diplomate*, pour eux synonyme de libéral ; ils ont, en effet, presque fait croire au monde que Léon XIII était comme eux, un anti-Pie IX. L'encyclique *Libertas* a soufflé sur ces mensonges ; de tout ce qui fait le catholicisme libéral, il ne reste plus rien qu'une *séduction*. Après les condamnations diverses dont il a été frappé, ce qui subsiste encore du catholicisme libéral, c'est une *complaisance* beaucoup trop marquée pour les principes de la fausse liberté, pour les emblèmes et les hommes qui la représentent, les institutions politiques et sociales qui en sont sorties ; c'est une *défiance* trop manifeste à l'égard du résultat pratique que pourrait avoir, parmi nous, la proclamation des principes sociaux chrétiens ; c'est une *persuasion intime* de la prétendue nécessité et du prétendu devoir qui s'impose à tout chrétien, de bien se garder d'attaquer, de démasquer et de combattre le libéralisme, sous prétexte que ces principes sont, à cette heure, pour l'Église, l'unique sauvegarde de ses droits, et, dans un immense naufrage, le dernier point d'appui de sa liberté.

En résumé, déclamations, illusions, conspirations, guerre ouverte, hypocrisie, séduction : voilà parmi nous les six phases d'évolution du soi-disant catholicisme libéral. Comme l'arianisme après la mort épouvantable d'Arius, devint plus redoutable ; de même, le catholicisme libéral qui n'est au surplus, qu'un arianisme politique, devint, après la mort de ses chefs, un plus grand péril. Je voudrais dire que c'est un zéro mort, mais nous verrons bientôt comment Léon XIII, de son pied vainqueur le rejette aux gémonies ; c'est la page la plus curieuse de l'histoire des doctrines au XIXᵉ siècle.

Notion théologique du libéralisme.

VI. — Après avoir noté les agissements historiques du libéralisme, il faut le déterminer dans son principe, en définir le genre et les espèces, en mesurer l'exacte portée. Après quoi nous verrons de quelle main vigoureuse l'a saisi Léon XIII, pour l'abattre là où doivent succomber toutes les erreurs, aux pieds de la Chaire du Prince des Apôtres.

Qu'est-ce que le libéralisme ? demandent don Sarda el Salvany, l'Athanase espagnol de l'hérésie libérale, répond en distinguant les faits des idées. Dans l'ordre des idées, le libéralisme est un ensemble de conceptions fausses, et, dans l'ordre des faits, ce sont les attentats qui découlent logiquement de ces fausses conceptions.

Dans l'ordre des idées, les principes du libéralisme sont : la souveraineté *absolue* de l'individu avec une entière indépendance de Dieu et de son autorité ; la souveraineté *absolue* de la société, dans une entière indépendance de tout ce qui ne procède pas d'elle-même ; la souveraineté *nationale*, c'est-à-dire le droit reconnu au peuple de se gouverner par des lois et des pouvoirs de sa création, dans l'indépendance *absolue* de sa volonté, exprimée d'abord par les suffrages, ensuite par la majorité parlementaire ; la liberté de penser sans *aucun frein*, ni en religion, ni en morale, ni en politique, par conséquent, la liberté de la presse et des associations dans toute leur étendue.

Le fond commun de ces principes libéraux, c'est le rationalisme ; d'où dérivent la liberté des cultes, la suprématie de l'État sur l'Église, l'enseignement laïque, le mariage civil ; en un mot, les *sécularisations*, c'est-à-dire la non-intervention de la religion dans les actes de la vie publique, véritable athéisme social, couronnement nécessaire du libéralisme.

Dans l'ordre des faits, le libéralisme est l'ensemble des attentats inspirés par ces principes, l'expulsion des ordres religieux, la main mise sur les biens ecclésiastiques, la laïcisation des cimetières, des églises et des hôpitaux, l'enseignement obligatoire laïque ; les attentats contre la liberté de l'Église ; la corruption et l'erreur publiquement autorisées, soit à la tribune, soit dans la presse, soit dans les divertissements publics et dans les mœurs ; la guerre systématique au catholicisme et à la Papauté, désignés par les noms de guerres de cléricalisme, d'ultramontanisme ou de théocratie. Le libéralisme pratique est un monde complet : il a ses maximes, ses modes, ses arts, sa littérature, sa diplomatie, ses lois, ses machinations, ses guets-apens. C'est le monde de Lucifer, en opposition radicale et en guerre ouverte avec la société des enfants de Dieu.

Quelles que puissent être, dans l'ordre des idées et des faits, les nuances du libéralisme, il importe de faire remarquer que le libéralisme est *un*, comme est *un* le protestantisme, malgré ses myriades de sectes. Si vous l'envisagez dans ses doctrines, c'est le système d'une école ; si vous la considérez dans son organisation, c'est la machination d'une secte ; si vous l'observez dans les hommes qui veulent le faire prévaloir, c'est un parti plus ou moins métissé de politique. Parti, école ou secte, le libéralisme part toujours du principe fondamental, que l'homme et la société sont entièrement autonomes, libres de toute sujétion divine, indépendants de toute règle dont ils ne sont pas les auteurs. Par où l'on voit que le libéralisme conduit logiquement à tout ce que la démagogie la plus avancée et le despotisme le plus violent proclament en son nom.

Ce qui caractérise la révolution libérale, c'est l'inflexibilité de la logique. Sous des formes ondoyantes et même douces, elle marche lentement, mais sûrement, coupant, fauchant, abattant tous les produits de la civilisation chrétienne. C'est une marée qui envahit tous les peuples catholiques et de préférence les plus fidèles. D'abord elle a semé sa gangrène en France, puis en Espagne, puis en Italie, à l'heure présente elle fait le tour du monde, déployant tous les drapeaux, mais n'arborant qu'un symbole. Ce qui n'empêche pas que les libéraux complets, absolus, soient rares ; le plus grand nombre n'accepte qu'une part de ce radicalisme destructeur. Il y a des libéraux qui acceptent les principes et repoussent les conséquences ; beaucoup d'autres qui acceptent les conséquences et repoussent les principes. Les uns ne voudraient appliquer le libéralisme qu'à l'enseignement ; les autres, uniquement à l'ordre civil ; d'autres enfin rien qu'aux formes politiques. Seuls les plus avancés réclament son application pure et simple, en tout et pour tout. Les atténuations et les mutilations du *credo* libéral sont aussi nombreuses que les intérêts favorisés ou lésés par son application (1). De là, ces différents partis qui débitent le libéralisme à telle ou telle dose et dont il est utile d'esquisser la silhouette.

Les évêques de la province de Quito, avec l'autorité qui s'attache à leurs caractères et à leurs actes, distinguent, dans le libéralisme, trois degrés : Le libéralisme *absolu*, le libéralisme *modéré* et le libéralisme qui s'intitule *catholique*.

Le libéralisme *absolu* se rattache à la maxime césarienne : *Ecclesia in Statu*. L'Église est dans l'État, c'est-à-dire que le gouvernement civil et temporel, les ministères et les parlements sont en réalité le pouvoir unique, l'autorité suprême, le droit absolu. Il n'y a puissance qui soit supérieure, ni même égale à celle de l'État. L'État est la règle suprême et le dernier mot de la moralité ; il n'existe pas d'autres droits que ceux qu'il veut bien octroyer, ni d'autres obligations que celles qu'il impose. Toute autre société que l'État, l'Église même, doit recevoir de lui les conditions de son existence et les règles de son développement. Le libéralisme, une fois établi sur ce terrain, dénie à l'Église toute espèce de prééminence ; il lui refuse le caractère de société parfaite et indépendante ; il la considère comme une société inférieure, un collège soumis à l'État et redevable envers lui de son existence morale. D'où vient que si la vie publique de l'Église dépend exclusivement de l'État, il appartient à l'État seul de déterminer la nature et l'extension des droits de la dite Église et de prononcer dans l'espèce un jugement sans appel.

Le libéralisme modéré se réfère à la maxime : « L'Église libre dans l'État libre ». Les libéraux fidèles à cette devise, ne proclament pas la suprématie de l'État sur l'Église, mais bien l'autonomie et la complète indépendance de l'une et de l'autre. À leurs yeux, l'Église et l'État constituent deux sociétés séparées et libres, se mouvant et agissant dans le cercle de leurs attributions respectives et ne confiant qu'à la ligne de leurs

1. Don SARDA, *Le libéralisme est un péché*, pp. 18 et 28.

frontières. Cette distinction, cette séparation, cette indépendance mutuelle, proviennent de ce que le but et l'objet de la société civile ni ne se rapprochent ni ne se subordonnent au but et à l'autorité de l'Église. L'État est donc, dans cette théorie, maître de ses actes, et n'est point obligé de tenir compte des intérêts religieux de ses sujets. Dans sa sphère propre, il peut dicter toute loi et obliger à leur accomplissement, même quand elles sont en opposition avec le droit canonique. Si, pour de justes motifs, il signe avec l'Église des concordats, c'est sur la base d'une égalité réciproque et comme de puissance à puissance, l'État restant juge de leur maintien et de leur abrogation. Quant à l'Église, elle n'a rien à faire dans l'ordre temporel ; son pouvoir se rapporte uniquement aux choses spirituelles et à la conscience. L'Église manque donc de droits publics proprement dits ; elle ne peut jouir que de la liberté individuelle et du droit commun. L'État, de son côté, doit remplir sans entraves sa mission ; il doit étendre chaque jour davantage la sphère de la liberté ; il doit accorder à tous indistinctement la liberté de la presse, la liberté des cultes, de l'enseignement, des associations, sans imposer à la pensée, à la conscience, à la parole aucune restriction pieuse, mais pose seulement, à leur expansion, les limites qu'exigent la tranquillité publique et l'ordre social. En un mot, le libéralisme modéré *juxtapose* l'Église et l'État ; il accorde à l'État l'autonomie et l'indépendance qui le déchargent de toute subordination à l'Église.

Le libéralisme, qui se dit catholique, reconnaît que l'Église, en matière de foi et de mœurs, jouit d'une puissance supérieure à tous les pouvoirs de la terre ; mais pour ne pas irriter les esprits, il ne convient pas d'en entretenir les fidèles. En principe, un catholique ne peut ni soutenir, ni défendre la séparation de l'Église et de l'État. De même que, dans l'homme, le corps doit être soumis à l'âme, de même, dans la constitution de l'humanité, l'État doit se subordonner à l'Église, comme au principe et à l'institution surnaturels qui féconde, élève, ennoblit les sociétés rachetées par Jésus-Christ. Cependant l'Église devrait se rappeler les injustices dont elle fut victime sous la domination des rois et accepter, de l'État, l'idée de leur séparation amiable, l'Église possédant une force morale suffisante pour se conserver et se propager, sans l'appui et le secours d'aucun gouvernement. Le pouvoir temporel des papes est légitime, utile, nécessaire même ; cependant Léon XIII devrait renoncer aux droits de l'Église, tenir pour irrévocables les faits accomplis. Quant aux libertés modernes, elles ne devraient pas alarmer l'Église. La liberté de la pensée, de la parole et de la presse favorisent la discussion, et de la discussion, dit le proverbe, jaillit la lumière. La liberté des cultes se-

conde l'émigration et active le progrès des peuples chrétiens. Les autres
libertés sont l'objet des aspirations universelles ; il faut leur céder, une
plus longue résistance ne pourrait qu'éloigner davantage les foules de
l'Église. La prudence et la charité conseillent de s'incliner devant l'esprit du siècle et les injonctions des circonstances. Catholiques, nous pro-
fessons la foi de Jésus-Christ ; nous répudions les erreurs dogmatiques
et les hérésies ; nous aimons l'Église comme une mère ; mais libéraux
nous croyons qu'en pratique les fils de l'Église doivent, tout en sauve-
gardant leur foi personnelle, rechercher tous les moyens de conciliation avec leurs ennemis, et adopter, soit au pouvoir, soit dans la vie
privée, un système de transaction. La diplomatie doit régler en souveraine la profession de la foi et répudier toute intransigeance d'orthodoxie.

« De toutes les inconséquences et antinomies qui se rencontrent dans les
degrés moyens du libéralisme, dit Don Sarda, *la plus repoussante et la plus
odieuse* est celle qui ne prétend à rien moins qu'à unir le libéralisme
avec le catholicisme. Et toutefois d'illustres esprits et de grands cœurs,
aux bonnes intentions desquels on ne peut s'empêcher de croire ont
payé leur tribut à cette absurdité. Cette *funeste* erreur naquit du désir
exagéré de concilier et de faire vivre en paix des doctrines forcément
inconciliables et ennemies, du fait même de leur propre essence. Le libéralisme est l'affirmation dogmatique de l'indépendance absolue de la raison individuelle et sociale. Le catholicisme est le dogme de la soumission
absolue de la raison individuelle et sociale à la loi de Dieu. Comment
concilier le oui et le non de deux doctrines si opposées. Aux fondateurs
du catholicisme libéral, la chose parut facile, les illustres *sophistes* ne vi-
rent pas que si la raison individuelle a l'obligation de se soumettre à Dieu,
la raison publique et sociale, ne peut s'y soustraire, sans tomber dans
un dualisme extravagant, en vertu duquel l'homme serait soumis à la
loi de deux *criterium* contraires et de deux consciences opposées. De
sorte que la distinction de l'homme privé et de l'homme public, le premier obligé à être chrétien, le second autorisé à être athée, tomba immédiatement tout entier sous les coups écrasants de la logique intégra-
lement catholique. Le *Syllabus* acheva de la confondre sans rémis-
sion. (1) »

Don Sarda se demande d'où vient une telle erreur et l'attribue à une
fausse interprétation de l'acte de foi. Les catholiques libéraux croient
fermement que le catholicisme est la véritable révélation du Fils de Dieu,

---

1. *Le libéralisme est un péché*, p. 31.

mais ils ne le croient point, parce que c'est une révélation imposée à la foi, par le magistère de l'Église. D'où il résulte que, tout en se figurant avoir la foi due aux vérités chrétiennes, ils ne l'ont pas et en ont une simple conviction humaine. Selon eux donc leur intelligence étant la raison déterminante de leur foi, il en est de même pour autrui. Dans l'incrédulité, ils ne voient pas une infirmité ou un aveuglement volontaire de l'entendement, et plus encore du cœur, mais un *acte licite*, émanant du for intérieur de chacun, aussi maître de croire que de nier. De là, chez eux, le respect profond pour toutes les convictions bonnes ou mauvaises ; de là leur horreur pour toute pression sociale qui prévienne ou châtie l'hérésie ; de là leur haine pour toute législation catholique ; de là, leur façon de louer en histoire les choses suivant leur utilité temporelle, non selon leur conformité surnaturelle à la foi ; de là enfin ce *piétisme* qui n'est qu'une falsification de la vraie piété, le naturalisme dans la maison de Dieu, atteinte grave portée à l'ascétisme et au mysticisme chrétiens.

J'ajouterai, pour compléter ces déclarations et ne pas trop charger les coupables, que cette erreur peut provenir simplement d'un malentendu sur la nécessité de professer sa foi. Nous connaissons des prêtres et des évêques, certainement libéraux et non moins certainement bons catholiques ; ils se tiennent à leur libéralisme *pratique*, non parce que le motif de leur foi est insuffisant, mais parce qu'ils ne se croient point obligés de parler sans confusion devant les puissances, lorsqu'il s'agit de confesser sa foi ou de défendre la loi. Avec eux, c'est moins défaut de foi que défaut de vertu, crainte de se créer des embarras, désir d'acquérir la réputation d'un esprit courtois, d'un cœur bienveillant, d'une âme ouverte à toutes les grandeurs.

Criminalité du libéralisme.

VII. — En innocentant quelques personnes, on ne peut innocenter les doctrines. Abstraction faite de la bonne foi, de l'ignorance et des diverses circonstances atténuantes, les doctrines et les pratiques du libéralisme sont intrinsèquement criminelles ; pour les personnes qui s'y livrent, elles forment un écueil sur lequel la foi, les mœurs et le salut des âmes peuvent se perdre : c'est un point qu'il faut bien préciser.

« Le naturalisme, disent les illustres prélats de la province de Burgos, qu'on l'appelle rationalisme, socialisme, révolution ou *libéralisme*, par sa manière d'être et son *essence même*, sera toujours la négation franche ou artificieuse, mais *radicale*, de la foi chrétienne ». A ce titre, ajoutent les évêques de l'Équateur, « le catholicisme libéral est le plus *grave scandale* du XIXe siècle, comme l'*arianisme* des premiers siècles et le *protestantisme* du seizième. Il fait perdre la tête aux hommes, enflamme les passions, *tend partout* à déchirer la tunique sans couture de Jésus-Christ et s'attache à lancer au sein des sociétés les mieux organisées, comme une bombe Orsini, la pomme de discorde et la torche incendiaire de la révolution ». Ces clairvoyants et vaillants évêques avaient dit précédemment : « Le libéralisme catholique est la *perfidie et la trahison personnifiées*. Un catholique libéral, parmi les libéraux est un *transfuge* de l'Église, parce qu'il se dit catholique ; et, parmi les catholiques, c'est un *espion* du camp ennemi, parce qu'il se dit libéral. Le transfuge et l'espion sont des traîtres ». D'après la lettre du concile provincial de la province de Quito, les deux prototypes du catholicisme libéral sont Pilate et Judas.

Voilà certes de graves imputations ; sont-elles, oui ou non, fondées en principes, et doivent-elles s'imposer à la conscience ?

Pour procéder avec décision, il faut examiner à part chaque espèce de libéralisme et juger cette hérésie dans son principe commun.

Qui peut compter les absurdités, les impiétés, les hérésies et les blasphèmes du libéralisme radical ? Par ses doctrines, il nie tous les dogmes du christianisme. D'abord il nie Dieu lui-même ou l'identifie avec le monde, car, en revêtant l'homme d'une indépendance absolue, il refuse de reconnaître l'existence du législateur divin. Ensuite, il nie la spiritualité et l'immortalité de l'âme ; car on ne peut circonscrire les destinées de l'humanité dans l'étroite limite du temps, sans affirmer que l'homme sort tout entier de la matière et doit y retourner après sa mort. Puis il nie la divinité de l'Église et de Jésus-Christ, son fondateur ; car celui-là seul qui ne croit pas en elle, est capable de refuser à l'Épouse de Jésus-Christ ses divines prérogatives, ses droits, sa prééminence. Plus particulièrement il nie la juridiction déléguée que le Pape a reçue de Dieu sur tous les fidèles, quels que soient leurs conditions et leur rang. Dans son ensemble, il refuse toutes les applications du catholicisme et s'oppose spécialement aux notes de l'Église : à son unité, à sa sainteté, à sa catholicité, à son apostolat, en même temps que, laissant le pouvoir temporel maître dans l'Église, il ouvre la porte à toutes les impiétés, et conspire contre l'existence même de la société politique. D'ailleurs il nie la nécessité de la révélation divine, et l'obligation pour tout homme de l'admettre, s'il veut parvenir à sa fin dernière ; il nie le motif formel de la foi, admettant seulement de la doctrine révélée, les vérités accessibles à sa raison ; il nie l'autorité de Dieu qui révèle et le magistère infaillible de l'Église, et par conséquent toutes les doctrines définies par cette divine autorité.

Après cette négation générale, qui équivaut à un acte d'apostasie, le libéralisme nie chaque dogme en particulier, selon les circonstances. Ainsi, il nie la foi au baptême, quand il admet l'égalité des cultes ; il nie la sainteté du mariage, quand il établit la doctrine du soi-disant mariage civil ; il nie l'infaillibilité du pontife romain, quand il refuse de recevoir comme des lois, ses ordres et son enseignement.

Dans l'ordre des faits, le libéralisme ne se contente pas d'attaquer la révélation et l'Église, il aspire encore à ravir aux individus, l'un des premiers éléments de la constitution humaine, la moralité. On peut le flétrir du nom d'*immoralité radicale*. En effet, il détruit le principe de la moralité, qui est la raison éternelle de Dieu, s'imposant à la raison humaine ; il consacre le principe absurde de la morale indépendante, qui est au fond la morale sans loi ni obligation, la morale facultative, la morale sans morale, puisque l'idée de morale implique nécessairement l'idée de limite, de frein et de devoir. De plus, le libéralisme autorise par ses actes, toute immoralité, car il permet l'infraction de tous les commandements, depuis le premier qui ordonne le culte d'un seul Dieu, jusqu'au dernier qui prescrit l'assistance temporelle de l'Église.

Par suite, le libéralisme radical est vraiment criminel ; il constitue une faute grave, un péché mortel, que les directeurs de conscience doivent examiner avec soin. D'autant que cet horrible système a pour partisans, tous les mécréants, tous les hommes pervers, les athées, les manichéens, les panthéistes, les révolutionnaires. Comme je ne sais quel monstre fabuleux, le libéralisme est orgueilleusement assis sur les ruines silencieuses de la raison et de la foi ; il offre à ses malheureuses victimes, comme terme fatal de ses conquêtes, le dernier excès de la barbarie.

Le libéralisme modéré ne nie pas l'ordre surnaturel ; il ne proclame pas la suprématie de l'État sur l'Église, mais il fait abstraction de l'ordre surnaturel et exclut l'Église de l'organisation des sociétés humaines. Cette abstraction et cette exclusion donnent pour base, à l'ordre social, deux principes, l'un du bien, l'autre du mal : c'est le dualisme de Manès. Or, l'homme, comme individu, ne peut jamais être autonome, car il est essentiellement contingent dans son existence, dans sa conservation, dans ses opérations, dans ses conditions et son état. Son existence ne s'explique que par un créateur ; sa durée que par un conservateur ; sa prospérité que par les attentions d'une providence. De la même manière, la société civile et politique se compose de membres contingents ; donc elle ne peut jamais être autonome ; elle a, au-dessus d'elle, un pouvoir supérieur qui la crée et qui la gouverne. Mais selon la doctrine du libéralisme modéré, ce pouvoir supérieur n'est pas Dieu, donc c'est quelque autre principe. Si ce n'est pas Dieu, ce sera le Démon. Donc ce libéralisme modéré et manichéen est hérétique. C'est ainsi que Boniface VIII, dans la bulle *Unam Sanctam*, dit, définit, déclare que la soumission au Pontife Romain est, pour toute créature, tout à fait nécessaire au salut. Définition solennelle confirmée solennellement par Léon X et le V° concile œcuménique de Latran.

Assurément l'Église ne méconnaît pas la distinction de l'ordre civil et de l'ordre religieux, non-seulement elle admet le pouvoir civil, mais elle le soutient par ses doctrines et le fortifie par ses grâces. Mais en matière de foi et de mœurs, dans les affaires spirituelles et de conscience, et même dans tout ce qui se rapporte directement à sa mission divine, elle exige avec raison que les États reconnaissent cette plénitude du pouvoir et de juridiction qu'elle a reçu de son divin Fondateur. C'est là, pour le dire en passant, toute cette fameuse subordination de l'État à l'Église, contre laquelle il serait temps de ne plus de raisonner : c'est tout simplement la reconnaissance de l'institution divine de l'Église. On n'y peut contrevenir qu'en levant, contre l'Église, une main criminelle et en outrageant Jésus-Christ, dans la société qui perpétue son Incarnation. En découronnant le pouvoir civil de ses devoirs envers la religion, on l'abaisse d'ailleurs tristement, et sous couleur de l'affranchir, on le livre aux convulsions de l'anarchie ou aux vexations de la révolte. D'ailleurs, l'État, for clos dans l'enceinte de la cité matérielle, n'étant pas juge des doctrines, il est fatal qu'il succombe sous l'action dissolvante des acides du libre examen. De là, ces fatales libertés, pierre d'achoppement, où la société tôt ou tard doit se briser. Le libéralisme modéré est donc également un crime contre la société civile et contre l'Église.

Quant au catholicisme libéral, don Sarda dit que c'est le *plus satanique ;* les évêques équatoriaux le qualifient de *plus venimeux* et le comparent au serpent pénétré dans l'Éden de l'Église catholique. Pie IX l'appelle une *peste pernicieuse,* une *politique de bascule, pire que la commune de Paris.* Ces appellations paraissent excessives ; elles ne sont que justes. Devant la *logique,* le catholicisme libéral est la déraison, la folie ; puisqu'il poursuit la conciliation entre l'Église qui préconise le principe de foi et d'autorité et le libéralisme qui pose le principe de l'anarchie et de l'incroyance légitime. Devant la *morale,* le libéralisme est l'absence complète des vertus que la dignité humaine demande à l'héritier présomptif de la couronne éternelle : le libéral se fait une vertu à la mesure de son esprit. C'est un soldat qui, dans une Église militante, a peur de l'ennemi, cherche à capter ses faveurs et se met gaiement sur la pente de la trahison. Que fait un catholique parmi les libéraux ? Il vend le Christ. — Que fait un libéral parmi les catholiques ? Il trompe les hommes, mais il ne trompera pas Dieu. — Quel est cependant le secret de sa force diabolique ? C'est le scandale. Le piége le plus perfide qu'on puisse tendre à un homme, c'est de le séduire pour le tromper, en s'armant, contre sa faiblesse et ses incertitudes, de ce que la religion a de plus vrai, de plus juste et de plus saint. C'est le cas du libéral catholique. A son foyer et à l'Église, il est chrétien exemplaire ; au forum de la vie publique, il met sa parole et ses exemples au service de l'erreur, du péché et de l'apostasie. C'est un homme de foi ; mais d'une foi traîtresse, menteuse, justement réprouvée au tribunal de la religion. Dans l'Église, c'est un artisan de ruines, un homme qui fait perdre la foi ; dans la société civile, il n'a appris jamais, contre les gouvernants, que le mépris de l'autorité, et aux gouvernés que ces esprits d'insubordination, principe d'anarchie, pierre d'attente du radicalisme et du nihilisme. Le libéral n'est pas de Dieu, puisqu'il n'entend pas la parole de Dieu ; puisqu'il ne recueille pas avec le Christ, il n'est qu'un dissipateur ; et puisque les oracles du Vatican retentissent inutilement sur sa tête, le libéral, c'est l'onagre du désert, qui quitte l'oasis de la grâce, pour aller se perdre dans les déserts de l'incrédulité, de la fausse science et du doute.

Le libéralisme est donc, dans toutes ses nuances et variétés, un très redoutable fléau. C'est le péché contre la foi, non-seulement par la privation coupable de cette vertu, mais par le parti pris de la nier ou de conniver à l'apostasie. C'est le péché d'hérésie, contenant toute la malice de l'infidélité, plus l'adhésion à un enseignement réprouvé par la foi. Au péché très grave contre la foi, le libéralisme ajoute l'endurcissement, l'opiniâtreté, une orgueilleuse préférence de la raison propre à la raison de Dieu. Par conséquent, les doctrines et les œuvres libérales, sont doctrines et œuvres *hérétiques*, c'est-à-dire le plus grave péché que contienne le Code de la loi chrétienne. Par conséquent, sauf le cas de bonne foi, d'ignorance ou d'irréflexion, le libéralisme constitue un péché plus grand que le blasphème, le vol, l'adultère, l'homicide. Les lois des États chrétiens l'ont toujours entendu ainsi jusqu'à l'avénement de l'ère libérale. La loi de l'Église le proclame aujourd'hui comme autrefois, et, pour ce qui est du tribunal de Dieu, ses jugements demeurent les mêmes, ainsi que ses condamnations : *Justificata in semetipsa.*

Condamnations antérieures et rébellion du libéralisme.

VIII. — Quelle a été, depuis le commencement, vis-à-vis du libéralisme, l'attitude de l'Église?

L'Église n'a jamais porté, contre ses doctrines et ses attentats, que des condamnations et lancé que des anathèmes.

Lorsque Luther posa, dans sa théorie du libre examen, le principe premier du libéralisme, l'Église réprouva toujours cette liberté sans frein de la pensée et de la conscience. Depuis Léon X jusqu'à Léon XIII, vous chercheriez vainement, parmi les Papes, un pontife qui n'ait pas, en montant sur la Chaire du Prince des Apôtres, frappé le protestantisme. Lorsque la pratique du libre examen eût engendré des guerres et revendiqué le libéralisme international, l'Église protesta toujours contre les traités favorables à ce libéralisme ; des traités de Westphalie aux traités de Vienne, vous rechercherez vainement un pacte qui ne porte pas, à cet endroit, les protestations des Nonces Apostoliques ; et si vous vous reportez aux signatures de ces conventions, vous serez frappé d'épouvante en voyant ce que les puissances signataires ont gagné à la répudiation des doctrines et des droits de la Sainte Église. Avant la révolution française, l'histoire du libéralisme, c'est l'histoire de la perte des âmes et de la ruine des nations, ruines et pertes inutilement conjurées par les actes de la Chaire Apostolique.

Lorsque la révolution transmet aux peuples et à leurs mandataires, l'absolutisme des rois, appelé je ne sais pourquoi libéralisme, l'Église, fidèle à elle-même, redouble ses protestations. Déclaration des droits de l'homme, main mise sur les propriétés ecclésiastiques, constitutions civiles du clergé, libertés constitutionnelles de pensée, de preuve et de culte, serment de liberté et de haine à la royauté : la France catholique a tout repoussé ; elle a préféré à l'apostasie, tous les martyres ; et Pie VI, par ses actes, a glorifié sa confession, en même temps qu'il flétrissait avec une suprême énergie, les lois de la république libérale. Pie VI a notamment condamné la Déclaration des droits de l'homme, grande charte du libéralisme, comme manifestement contraire aux droits de l'Église et aux intérêts de la société civile. Pie VI a également repoussé tous les serments par lesquels la politique scélérate du temps voulait faire capituler la conscience catholique ; à cette époque la délicatesse de la foi française était trop vive pour se laisser prendre aux ruses de la tyrannie. Un seul homme, voyant les prisons pleines et les échafauds rougis de sang, fléchit dans la rectitude de son jugement théologique ; il approuva les serments de liberté et de haine à la royauté : cet homme était un prêtre ; ce prêtre était Emery, le supérieur de Saint-Sulpice, alors le Vatican de la grande aberration gallicane. Pie VII réprouva les complaisances d'Emery, qui, sans doute, avait cru bien faire, trompé d'ailleurs par de mauvais conseils et affaibli d'avance par ces théories gallicanes dont il voyait de ses yeux les plus horribles applications. L'homme est toujours faible lorsqu'il n'est pas fortifié dans sa conscience, par une incorruptible foi.

Lorsque Grégoire XVI, condamna Lamennais, la condamnation du libéralisme, admis même simplement comme procédé polémique parut tellement décisive, que pas un seul de ses disciples ne suivit le maître. Tant aux yeux de la foi éclairée, il y avait incompatibilité entre le catholicisme et le libéralisme.

Plus tard, lorsque avec le temps le courant envahisseur de ces déplorables idées eut grossi, qu'elles eurent pris, sous l'impulsion d'intelligences plus influentes qu'élevées, le masque du catholicisme, Dieu suscita Pie IX, qui, à juste titre, passera, dans la postérité, pour le *Marteau du libéralisme*. L'erreur libérale sous toutes ses faces et dans toutes ses nuances, a été démasquée par ce Pape. Pie IX, est, comme tous les grands papes, un génie reconstituant ; par ses paroles et par ses actes, il poursuit sans cesse la grande erreur du temps et invoque pour le rétablissement de la chose publique, les divins principes de la révélation. Afin que ses oracles sur cette question eussent encore plus d'autorité, la Providence voulut que la condamnation incessante du libéralisme sortît des lèvres d'un Pontife que les libéraux avaient dit leur appartenir. Après lui, il ne reste, à cette erreur, aucun subterfuge auquel elle puisse recourir. Les nombreux Brefs, Allocutions, Encycliques de Pie IX l'ont montrée au peuple chrétien telle qu'elle est, il n'y a plus place pour un subterfuge ou un échappatoire. On ne peut se dérober qu'en fermant les yeux ou en se révoltant.

L'Encyclique *Quanta cura et le Syllabus* ont mis le dernier sceau à toutes ces condamnations. L'Encyclique condamne et réprouve, comme contraires à la doctrine du Saint-Siège, les principes fondamentaux du libéralisme : la séparation de l'Église et de l'État, la liberté des cultes, la liberté de la presse, la négation de la distinction et de l'indépendance de l'Église dans ses rapports avec les pouvoirs civils. Qu'on lise seulement le sixième paragraphe de cette Encyclique, où se trouvent les paroles suivantes, qui ne pourraient être plus péremptoires : « Nous réprouvons, prescrivons et condamnons par ces lettres et avec l'autorité apostolique, *toutes et chacune en particulier*, de ces perverses opinions et de ces doctrines ; nous voulons et ordonnons que tous les fils de l'Église catholique les tiennent pour condamnées, réprouvées et proscrites ».

Le *Syllabus* est un catalogue officiel des principales erreurs contemporaines en forme de propositions concrètes, telles qu'on les rencontre dans les auteurs les plus connus, parmi ceux qui les ont propagées. On y trouve en particulier toutes celles qui constituent le dogmatisme libéral. Quoique le libéralisme ne soit nommé que dans une seule de ces propositions il est certain que la plupart des erreurs mises au pilori sont des erreurs libérales ; que, par conséquent, de la condamnation de chacune d'elles, résulte la condamnation totale du système. Nous ne ferons que les énumérer rapidement ici.

Condamnation de la liberté des cultes : propositions 15, 77 et 78 ; — du *placet* gouvernemental : propositions 20 et 28 ; — de la confiscation des biens ecclésiastiques : propositions 16 et 27 ; — de la suprématie absolue de l'État : proposition 39 ; — du laïcisme dans l'enseignement public : propositions 45, 47 et 48 ; — de la séparation de l'Église et de l'État : proposition 15 ; — du droit absolue de légiférer sans Dieu : proposition 56 ; — du principe de non-intervention : proposition 62 ; — du droit d'insurrection : proposition 63 ; — du mariage civil : proposition 73 et autres ; — de la liberté de la presse : proposition 79 ; — du suffrage universel comme source d'autorité : proposition 60 ; — enfin du libéralisme comme inconciliable avec la religion et l'Église.

Vingt propositions sur quatre-vingt tombent d'aplomb sur le libéralisme ; sans compter les propositions qui atteignent ses principes plus ou moins éloignés, car on peut dire sans excéder que le Syllabus tout entier vise la grande hérésie du xixe siècle. Quant à l'autorité du *Syllabus*, elle est hors de conteste. Premièrement, parce que les erreurs qui y sont mentionnées, sont toutes plus ou moins expressément condamnées de longue date par le Saint-Siège. Deuxièmement, parce que, envoyant aux évêques du monde catholique le Syllabus, le cardinal secrétaire d'État joignit une circulaire affirmant la même doctrine. Troisièmement, tout l'épiscopat catholique a reçu le Syllabus comme le sommaire des condamnations pontificales, et Léon XIII lui-même dans ses lettres sur les Œuvres de saint Alphonse de Liguori reconnaît le *Syllabus* comme un document qui condamne des propositions fausses ou erronées. Quatrièmement parce que Pie IX a manifesté expressément, non seulement une seule fois, mais plusieurs, que toutes les erreurs du libéralisme, y compris nommément le catholicisme libéral, ont été proscrites par le Saint-Siége dans l'Encyclique *Quanta cura* et le *Syllabus*. C'est pourquoi ces deux monuments sont la base nécessaire de l'union entre tous les catholiques.

Nous serions infini si nous voulions rappeler tous les brefs où Pie IX, tout entier au devoir apostolique, s'élève contre le libéralisme. Nous rappelons seulement les épithètes très dures dont il l'a qualifié en diverses occasions. Dans un bref à Mgr de Ségur, il l'appelle *perfide ennemi*; dans une réponse à l'évêque de Nevers, la *véritable calamité*; dans une lettre au cercle catholique de Milan, *un pacte entre la justice et l'iniquité, plus funeste et plus dangereux qu'un ennemi déclaré*; dans une lettre à l'évêque de Quimper, *un virus occulte*; dans un bref aux Belges, *une erreur sournoise et insidieuse*; dans un autre bref à Mgr Gaume, *une peste très pernicieuse*. L'hérésie, sophistique et tenace, se raccroche à tous les prétextes, à toutes les excuses pour éluder une condamnation. Le libéralisme pouvait donc, à cause de leur caractère purement privé, récuser l'autorité de ces déclarations pontificales. Mais l'Encyclique *Quanta cura* s'adresse à l'univers, *ad perpetuam rei memoriam*; le *Syllabus* est un document officiel, public, solennel, d'un caractère général, universellement promulgué et par conséquent définitif. La raison déterminante de ces condamnations en explique encore mieux la portée : c'est pour répondre à l'anxiété de ses fils et résister au torrent des mauvaises doctrines, que l'Église a donné cette formelle et décisive parole de son souverain magistère. D'ailleurs, suivant une fine remarque de don Sarda, l'interprétation et le commentaire le plus autorisé du Syllabus vient de ceux qui l'ont combattu, de cette cohue de libéraux qui nous le présentent comme leur ennemi le plus détesté, comme le Symbole le plus complet des doctrines Romaines. Satan, qui n'est pas un sot, a vu très clairement où portait un coup si bien assené; aussi a-t-il opposé à cette œuvre grandiose, le sceau de son inextinguible haine. Croyons-en, ici, le père du mensonge; ce qu'il abhorre et diffame tire de là une garantie sûre de sa vérité.

Il était impossible de voir dans la série des actes pontificaux de Pie IX, autre chose que la condamnation en détail du libéralisme; plus impossible encore de voir dans l'Encyclique *Quanta cura* et dans le Syllabus, autre chose que cette condamnation réitérée, plus solennelle et plus sommaire. Ce devait être un enterrement définitif de cette erreur qui persécutait l'Église depuis 1789 et semait la discorde en son sein depuis quarante ans. Lorsque ces documents parvinrent à Paris, ils jetèrent, en effet, la terreur dans les bureaux du *Correspondant*. A première vue, il parut qu'on ne pouvait plus, sans être rebelle, sinon hérétique, tenir arboré sur la maison, le drapeau du libéralisme. Le ban et l'arrière-ban du parti s'assemblèrent avec effroi. De leurs communes délibérations sortit la brochure la *Convention du 15 septembre et l'Encyclique du 8 décembre*. Napoléon III travaillait alors à détruire le pouvoir temporel en le protégeant ; les libéraux travaillèrent à abaisser le pouvoir spirituel du Pape en le défendant. Telle est, en effet, la stratégie de la brochure : elle défend le Syllabus contre les préjugés, les erreurs et les calomnies de la mauvaise presse ; elle lui prête, en même temps, un sens limité qui n'est pas le sens vrai de ce document : elle justifie le Syllabus et elle l'étrangle. La justification, tout le monde pouvait la faire ; pour les hommes instruits, elle était même inutile ; mais l'étranglement, qui pouvait le tenter, sinon Dupanloup, l'homme de toutes les audaces. Son explication cependant n'était que l'œuvre d'un docteur privé, comment la faire accepter dans l'Église ? Dupanloup envoya sa brochure à tous les évêques de l'univers, envoi frivole, et, vu le but, peu respectueux. Six cents évêques remercièrent et très probablement félicitèrent soit en gros, soit en détail, spécialement pour la victoire obtenue contre les contre-sens de la libre pensée. Dupanloup fit sonner ses six cents lettres comme si c'eut été le jugement d'un concile par correspondance ; il fit valoir même à la Chambre cette confirmation épiscopale de son libéralisme, procédé excessif qui découvre bien la pensée de ce fin renard. Dupanloup osa même s'adresser au pape ; mais cette fois il avait compté sans son hôte. Le Pape lui répondit : « Nous vous félicitons d'avoir relevé et justement livré au mépris les calomnies et les erreurs des journaux qui avaient si misérablement défiguré le sens de la doctrine proposée par nous, *certain d'ailleurs que vous enseignerez et ferez comprendre à votre peuple le vrai sens de nos lettres* avec d'autant plus de zèle et de soin que vous avez réfuté vigoureusement les calomnieuses interprétations qu'on leur infligeait ». En d'autres termes, vous avez élevé, autour du Syllabus, une haie d'épines, mais vous avez oublié la culture intérieure. Qui sait ? Peut-être l'avez-vous un peu ravagée. Votre thèse négative est excellente ; mais votre thèse positive ne vaut pas le diable, et on vous le donne à entendre en se bornant à dire que vous l'avez oubliée. Grand homme, grand évêque, grand orateur, grand écrivain… au mètre de Lagrange, on vous donne une leçon de catéchisme et on vous fait voir que votre ruse est éventée. C'était le cas de se le tenir pour dit ; Dupanloup n'en eut garde.

Le procédé avait paru si habile et si décisif, qu'il fut souvent employé. Récemment encore, un abbé Bosseboeuf, secrétaire de l'archevêque de Tours, *expliquait enfin* le syllabus, jusqu'à lui mal expliqué ; et il l'expliquait en le supprimant : une sentence de l'index lui fit voir que Rome ne s'amusait plus à ce jeu.

Après Dupanloup, je citerai Montalembert. Pour l'un et pour l'autre, il ne s'agit de contester, ni leur bonne foi, ni leur talent, ni leur services; tous deux étaient de vaillants champions de la sainte Église : il s'agit seulement de leurs actes et de leurs doctrines. Je sais bien que Montalembert faisait sonner très haut sa volonté de faire de la politique, et non de la théologie (ce qui est déjà une distinction libérale) ; mais il affirmait des principes et se flattait même d'avoir dressé un *symbole*. « Voyons, dit-il à Malines, si le *symbole* (le y mot est) que nous avons formulé, il y a trois ans, prête réellement le flanc aux critiques qu'il rencontre ». A notre tour, puisque symbole il y a, mettons ce symbole en regard des doctrines romaines et nous verrons à nu les audaces hétérodoxes de Montalembert :

1° Respecter la liberté de l'âme chez celui qui ignore ou abandonne la vérité, voilà ce qui semble n'être qu'un acte naturel de justice (*Discours de Malines*, p. 149) ;

1° Maxime fausse et absurde, qu'il faut procurer à chacun la liberté de conscience (*Mirari vos*) ;

2° Le principe de la liberté religieuse consiste à reconnaître le *droit* de la conscience humaine à *n'être pas gouvernée* dans ses rapports avec Dieu par des châtiments humains (*Ibid.* 90) ;

2° L'Église n'a pas le droit d'employer la force (*Syllabus*) 24° prop.) ; l'Église n'a pas le droit de réprimer par des peines temporelles la violation de ses lois (ENCYCL. *Quanta cura*) ;

3° La société que représente le gouvernement dans l'ordre matériel, n'a pas pour mission de me contraindre à remplir mes devoirs religieux (*Ibid.* 142) ;

3° Ne négligez pas d'enseigner que la puissance royale n'est pas *uniquement conférée pour le gouvernement de ce monde*, mais par-dessus tout pour le gouvernement de l'Église (*Quanta cura*) ;

4° Rêver ou réclamer pour la religion catholique une situation privilégiée, comme un patrimoine inviolable, au milieu de la soumission générale, ce n'est pas seulement le comble des illusions. C'est lui créer le plus redoutable des dangers (*Ibid.* p. 25) ;

4° A notre époque, il n'est plus utile que la religion catholique soit considérée comme l'unique religion de l'État à l'exclusion de tous les autres cultes (*Syllab.* prop. 77°) ;

5° L'État est tenu de me protéger dans la pratique de la vérité que j'ai choisie, parce que je l'ai trouvée seule vraie et supérieure à toutes les autres (*Ibid.* p. 92) ;

5° Il est libre à chacun d'embrasser et de professer la religion qu'il aura réputée vraie dans la lumière de la raison (*Syllab.*, 15).

6° Réclamer la liberté pour la vérité, c'est la réclamer pour soi; car chacun, s'il est de bonne foi, se croit dans le vrai (*Ibid.*);

7° De tous les abus que permet la liberté, il n'en est peut-être pas un seul qui résiste à la longue aux contradictions du sens moral que la *liberté suscite* et qu'elle arme de son inépuisable vigueur (*Ibid.* p. 151);

8° L'Église ne doit rien à l'alliance du trône et de l'autel (*Ibid.* 149);

9° Jamais la religion n'a été plus sainte, plus forte, plus féconde que dans les conditions de combat, auxquelles la Providence a ramené le XIXe siècle (p. 152).
La lutte sera aussi rude pour le moins qu'avec les anciens adversaires de l'âme et de l'Église, mais elle sera pour le moins aussi méritoire, aussi féconde et aussi glorieuse (p. 155);
10° L'avenir de la société dépend de deux problèmes : corriger la démocratie par la liberté (*Fiat lux*); et concilier le catholicisme avec la démocratie (pag. 18).

6° L'Église n'a pas le droit de définir dogmatiquement que la religion de l'Église catholique est uniquement la vraie religion (*Ibid*, 21);

7° Il est faux que la liberté civile de tous les cultes, et que le plein pouvoir laissé à tous de manifester ouvertement et publiquement toutes leurs pensées, jettent plus facilement les peuples dans la corruption des mœurs et de l'esprit, et propagent la peste de l'indifférentisme (*Ibid.* prop. 79).
8° Cette concorde entre l'État et l'Église a toujours été aussi salutaire et aussi heureuse pour l'Église que pour l'État (*Mirari vos*).
9° Il n'est jamais permis de considérer la liberté (civile du mal) comme un bien, comme une chose désirable (PACCA, explication officielle de l'encyclique *Mirari vos*);

10° Le Pontife Romain peut et doit se réconcilier et transiger avec le progrès, le libéralisme et la civilisation moderne (*Syllab.* 80).

Dans certaines circonstances, la liberté des cultes est tolérée comme un moindre mal; avec Montalembert et ses complices, l'hypothèse devient la thèse; la liberté, c'est le droit, c'est l'état normal, l'idéal, le progrès; c'est l'ère libérale, qui succède à l'ère monarchique, et va en renouveler les merveilles. L'autorité chrétienne, c'était bon pour des peuples enfants ; l'alliance de l'autel et du trône, c'est une vieillerie à reléguer au musée des antiques. — N'est-il pas permis de croire que nous entrons dans une ère nouvelle qu'on pourra appeler l'ère de la liberté de l'Église. Pour aborder la lutte, Dieu nous fournira de nouvelles armes, de nouveaux moyens d'action et c'est *dans les grandes innovations modernes*, dans la publicité, l'égalité, la liberté politique, l'émancipation des masses démocratiques, c'est de là, que peut sortir, pour celle que nous avons le bonheur d'appeler notre Mère, une ère de liberté complète, c'est-à-dire inconnue jusqu'à présent dans ses annales : « (pag. 159). Montalembert avait déclaré précédemment qu'il tenait le régime du droit commun à l'exclusion de tout droit canonique, le régime de la liberté des cultes comme un *principe*, comme un *droit*, comme un *progrès réel*, comme un *état* auquel nous a ramenés la Providence. « Je tiens également et plus encore à n'être pas soupçonné de complicité avec ceux qui n'accepteraient la liberté nouvelle que comme un pis-aller temporaire » (Pag. 132). Je pourrais citer tout le discours ; c'est un tissu de contradictions à la vraie doctrine, et un monument insigne, je ne dis pas hypocrisie, mais de libéralisme. Ce pauvre Montalembert, il était trop franc pour tenir dans une coterie ; dès qu'il ouvrirait la bouche on pouvait s'attendre à le voir trahir la conspiration.

Après le discours de Montalembert à Malines et la brochure de Dupanloup, l'acte où les catholiques libéraux firent une plus vive opposition aux décisions du Saint-Siège, ce fut le fameux article de *Correspondant* à propos du Concile. Après l'indiction du Concile, ces libéraux se réunirent à Orléans, l'antre de nouveau Cacus, et là, par la plume souple du duc de Broglie, libellèrent la grande charte de l'opposition. C'est là, c'est par cette plume que fut rédigé tout le plan convenu pour faire dévier ou avorter le Concile. Dans cette assemblée, il y avait tous les conjurés laïques de la Roche-en-Brenil, plus leur grand aumônier, le premier fagotteur authentique du symbole catholique libéral. On ne se contenta pas de délibérer et d'écrire ; au programme d'opposition hétérodoxe, on ajouta des résolutions pratiques. C'est là que fut décidée la question de l'ambassadeur au Concile, la nécessité du rapprochement avec l'Empire, l'indication de Broglie ou de Cochin pour l'ambassade qu'on espérait obtenir de Napoléon, la visite de Dupanloup aux Tuileries pour amener l'empereur au complot, comme si Napoléon III n'avait pas eu son Darboy, plus fin que tous ces libéraux solennels et plus sûr pour toutes les malversations. Au Concile, l'article du *Correspondant* fit loi pour tous les opposants ; Darboy fut leur chef déclaré ; Dupanloup, le grand ressort de l'opposition. Darboy écrivit itérativement à l'empereur pour le presser d'agir contre le Concile ; et demanda officiellement au ministre des nominations d'évêques complaisants ; Dupanloup alla trouver d'Arnim, le protestant prussien, pour obtenir de Bismarck, contre le Concile, un arrêt de suspension. *O Domine, quid est homo ?*

Après le concile, tous ces libéraux, vaincus sur l'arène théologique, se maintinrent sur l'arène politique, sans rien rétracter, sans rien changer à leur doctrine. Pie IX écrivit vingt brefs pour les frapper ; ils ne firent pas semblant de l'entendre. Pour eux, Pie IX était un pape obtus, qui ne comprenait rien aux choses contemporaines, un Cassandre qui s'emballait dans des déclarations inutiles, impossibles et compromettantes. Aussi, quand Léon XIII fut nommé pape, s'empressèrent-ils de l'acclamer comme un pape à eux, un pape moderne, un pape libéral, entendu à toutes leurs finesses et à toute leur sagesse. Ce pape intelligent, sage, habile, bon latiniste, fin versificateur, décidé à tout concilier, à tout arranger pour sceller la paix éternelle, objet de ses désirs : il faut entendre maintenant comment il traite le libéralisme. C'est ici que nous entrons dans le vif des questions contemporaines. Aucun problème ne mérite plus d'attention ; et si Léon XIII a parlé comme Léon X, comme Pie VI, comme Pie VII, comme Léon XII, comme Grégoire XVI, comme Pie IX, *Rome a parlé, la cause est finie.*

Comment procède Léon XIII.

IX. — Léon XIII procède comme Pie IX. Par ses paroles, par ses actes et par ses écrits, il remplit sa fonction pontificale, c'est-à-dire la grande fonction de vicaire de Jésus-Christ, rédempteur des nations, le ministère surnaturel du pasteur, chargé de nourrir les hommes des grâces de l'Évangile, la charge du docteur qui enseigne les rois et les peuples, et qui les enseigne pour les maintenir dans l'ordre de la grâce. Aux yeux du pape, il n'y a point d'homme étranger à Jésus-Christ, il n'y a ni peuple, ni prince qui puisse se soustraire à la juridiction du Crucifié. Le Pape ne peut admettre un homme qui se confine dans la pure nature et se précipite dans l'abîme de la déchéance ; il ne peut admettre davantage un peuple qui voudrait se constituer et un prince qui voudrait régner, comme si Jésus-Christ n'était pas mort sur la Croix. A cet égard, Léon XIII ne procède pas seulement comme Pie IX ; il procède comme tous les Papes, qui, depuis S. Pierre, ont occupé la Chaire du Prince des Apôtres. Un pape qui procéderait autrement, ne serait plus un vrai pape ;

ce serait un pape défectionnaire, qui ne remplirait plus le divin mandat dont l'a investi l'instituteur divin de la Papauté. Cela est impossible.

« Mais vous n'y pensez pas, disent les libéraux ; vous raisonnez comme si rien n'avait été changé au monde depuis un siècle. Cependant depuis 1789, nous ne vivons plus sous l'ancien régime ; nous sommes les enfants du xix⁰ siècle ; nos pères ont versé des flots de sang pour conquérir la liberté de la pensée, la liberté de la croyance, la liberté de la parole et de l'action religieuse ; nous entendons garder ces conquêtes.

« Eh ! non, répond le Pape ; en matière de religion vous n'avez rien conquis. Après les flots de sang versé par vos pères, vous restez obligés, comme avant, de garder la foi et d'observer les commandements ; de croire à Jésus-Christ et à l'Evangile. Si vous n'êtes pas orthodoxes dans votre foi et chrétiens dans votre conduite, vous encourrez, après comme avant, les peines de l'enfer. Après 89 comme avant, le Calvaire subsiste, l'Évangile demeure intacte, le sacerdoce reste investi de sa mission divine. Après comme avant 89, les successeurs des Apôtres ne peuvent pas ne pas parler ; ne peuvent pas ne pas enseigner la voie, qui, à l'exclusion de toutes les autres, est la voie de la vérité et du salut. Et moi, Léon, évêque de l'Église catholique, j'ai, par dessus tous les autres l'obligation de rester une pierre résistante aux assauts de l'erreur, l'obligation de paître les agneaux et les brebis, et, au milieu des vicissitudes de la vie, je dois confirmer, dans les combats, tous mes frères.

« Vous avez conquis, dites-vous, la liberté de penser, de parler et d'écrire. Mais il importe de distinguer. La liberté civile et politique, n'est pas la liberté morale et religieuse. Devant Dieu et devant son Église, dans le for de la conscience et dans le for du tribunal devant lequel vous serez jugés un jour sans appel, vous êtes liés toujours par les lois de Dieu et par les préceptes de son Église. La répression matérielle des erreurs religieuses, même des plus extrêmes, a été supprimée par une licence qui s'intitule droit nouveau : cela est vrai, au moins dans une certaine mesure et d'une manière locale, provisoire. Mais précisément parce que, dans les rapports de la société civile avec la société religieuse, un nouvel ordre de choses a été substitué à l'ancien, précisément parce que le rempart extérieur et légal de la vérité et de la loi révélée n'existe plus parmi nous ; c'est le devoir plus impérieux que jamais, du prêtre et surtout du pontife, de parler publiquement, de rappeler avec force aux principes de la foi et aux préceptes de la loi divine ceux qui s'en écartent, ceux surtout dont la parole écrite devient, pour des milliers de lecteurs, un piège et un danger. Sinon ils encourraient le reproche que Dieu adresse, par le prophète Ezéchiel aux pasteurs négligents : « Vous n'avez pas rappelé ceux qui erraient, vous n'avez pas cherché ceux qui se perdaient. »

Malgré ces réponses logiques, les libéraux ne croient pas moins, je ne dis pas seulement à la licité, mais à la fatalité du libéralisme. C'est leur Islam. Prétendre qu'il y a un libéralisme permis, c'est à peu près comme si l'on disait qu'il y a un protestantisme orthodoxe et un arianisme qui n'est pas une hérésie. Le libéralisme est, au contraire, une hérésie très vaste dans ses proportions, très radicale dans ses exigences : c'est une espèce de filet dont les réseaux enveloppent le monde. Ce qui constitue son caractère plus satanique, c'est que ce libéralisme soi-disant orthodoxe, pieux, plein de zèle, opère dans l'Église ; c'est qu'il veut corrompre sous sa protection ; c'est qu'il veut, en se couvrant de ses couleurs, étendre partout ses ravages.

Le libéralisme, même catholique, c'est la peste dans Jérusalem, c'est l'épidémie dans le sanctuaire et le poison dans le calice ; c'est l'énervement et la démoralisation là d'où doit venir le salut.

Les malheureux qui soutiennent cette folie d'un libéralisme licite, croient se sauver par une équivoque. Si vous n'admettez pas, disent-ils, un certain libéralisme, vous proscrivez toute liberté, et ce que le monde n'admettra jamais, vous posez le droit divin du despotisme. C'est sur cette confusion d'idées qu'on appuie pour obtenir des effets oratoires ; cette équivoque n'est pas moins un acte d'ignorance.

En principe, on ne peut pas confondre le libéralisme avec la liberté. La liberté naît, dans l'homme, de la défaite des passions ; elle s'étend à la société civile par le travail sanctificateur de l'Église. L'homme n'obéit, en dernière analyse, qu'à deux puissances : à la conscience ou à la force. Plus l'homme obéit à une conscience éclairée par la foi et purifiée par la grâce, moins la force extérieure a besoin de le contenir et plus se dilate la sphère des libertés sociales. Moins l'homme obéit à sa conscience pour se complaire dans ses passions, plus il a besoin d'un frein extérieur et moins il peut obtenir de liberté civile. L'Église établit le règne de la liberté publique sur la foi et sur les bonnes mœurs. Le libéralisme prend le contrepied de l'Église : il affranchise *moralement* l'homme, et, par conséquent, oblige à le contraindre civilement. Le libéralisme, il est vrai, affecte de se dire un gouvernement libre, parce qu'il cherche dans l'organisation des pouvoirs, un contrepoids à l'autocratie de l'exécutif ; dans le fait, il ne va guère qu'au déplacement de la souveraineté et au partage de l'autocratie gouvernementale. D'ailleurs, cette séparation des pouvoirs n'empêche pas leur action commune de constituer un pouvoir absolu ; et, comme d'une part, le libéralisme affranchit les passions humaines ; que, d'autre part, il peut serrer tous les freins de la loi ; qu'enfin il a écarté le contrôle de l'Église et l'autorité de Dieu : il s'ensuit que le libéralisme, c'est l'absolutisme de l'arbitraire humain ; c'est le contraire de la liberté sociale ; c'est sous un nom menteur, la tyrannie.

Montalembert objectait que le moyen-âge offrait un régime *hérissé de libertés* : c'était son mot. D'où suit que Montalembert, après avoir fait dans l'introduction de la vie de sainte Élisabeth, une si brillante peinture du moyen-âge, a eu tort après de se déchaîner contre en déclamations furieuses. Mais Montalembert se trompe deux fois en confondant les libertés du moyen-âge avec les libertés du libéralisme. Les libertés du moyen-âge étaient des libertés personnelles, domestiques, civiles et sociales, fondées sur l'intolérance dogmatique : c'était ce qu'on a appelé justement *la liberté du bien*. La liberté du libéralisme c'est la liberté du mal entraînant la restriction, puis la destruction de toutes les saines libertés du moyen-âge. Le moyen-âge était libre parce qu'il était chrétien ; le monde moderne est à la merci de tous les despotismes et de toutes les aventures, parce qu'il a perdu la foi. Les formes libérales dont se targue le libéralisme, c'est le vase dans lequel continue d'agir la liqueur révolutionnaire, l'esprit et la passion fanatique de l'impiété et de la destruction.

Voilà pourquoi Léon XIII, qu'il parle du mariage ou de la famille, de la propriété ou du pouvoir, de la franc-maçonnerie ou du socialisme, édicte toujours les principes *divins* de la constitution *sociale* et de la liberté *humaine*. Voilà pourquoi, après avoir posé, pièce à pièce, toutes les bases fondamentales de cette constitution divine, en présence de l'homme qui veut s'affranchir et de la société qui se sécularise, l'Hercule pontifical romain réunit toutes ses forces, et l'ennemi qu'il a battu dans des lices moins étendues, il veut, dans le champ clos de l'orthodoxie politique, l'écraser.

L'origine de la société et du pouvoir.

X. — C'est la prétention des libéraux que la société est l'œuvre de l'homme ; qu'elle s'est formée par un pacte ; que le pouvoir, nécessaire à son gouvernement, est créé par le pacte constitutionnel ; que ses conditions d'existence, ses limites, son objet, son but, sont comme son origine, l'effet de délibérations parlementaires ; que, par conséquent, Dieu, Jésus-Christ et son Église n'ont rien à voir à ses révolutions sociales ; et que l'homme, vivant dans sa baraque, peut jouir à son aise, sans lésion pour sa foi, des immunités de cette société, œuvre de la pensée humaine.

Le Pape sape par la base cette phraséologie, plus révolutionnaire que libérale, en affirmant que la société et le pouvoir ont Dieu pour auteur. Comme Dieu a créé le monde matériel, de même il a créé le monde intellectuel, moral et social ; et, pour ce dernier, il en a tellement posé la base, que si quelque chose est laissé à l'arbitraire humain, du moins, l'essentiel de la constitution sociale est l'œuvre de Dieu. Ce que Dieu a établi, l'homme n'a pas le droit de le changer ; ce que Dieu a établi, l'homme a le devoir de s'y soumettre. Il importe donc de bien savoir ce que Dieu a réellement fait et quels éléments de constitution sociale sont sortis de ses mains.

A cette déclaration, l'ignorance contemporaine va nous objecter le *droit divin*, la *théocratie*, le cléricalisme et tous les mots, vides de sens, qui servent d'arguments à ses passions. Avant d'aller plus loin, nous devons présenter trois observations.

Le droit de Dieu, proclamé par les catholiques, paraît à leurs adversaires, favoriser le despotisme. On en est même venu à le considérer comme tellement contraire aux droits du peuple, qu'on emploie fréquemment ces deux expressions pour former antithèse. Le droit divin bien compris, ne s'oppose point aux droits du peuple, il en est au contraire la garantie, la sauvegarde et la sanction ; il ne s'oppose point aux *droits* du peuple, mais à ses excès ; loin d'étendre démesurément les attributions du pouvoir, il les renferme dans les limites de la raison, de la justice, de la convenance, de la sagesse.

Continuellement lorsqu'on aborde ces matières, on vous jette à la figure, comme un reproche, le tort de nous traîner à la remorque d'un Bossuet, d'un Bonald ou d'un comte de Maistre, écrivains déjà vieux et frappés de discrédit. Nous révérons ces hommes ; nous tenons que beaucoup d'autres ont été les témoins fidèles des enseignements de l'Église, et qu'on peut, qu'on doit même plus d'une fois s'incliner devant l'autorité de leur témoignage. Cependant l'Église et le Saint-Siège ne répondent point d'autres doctrines que de celles qu'ils enseignent ; ils ne se personnifient dans aucun docteur particulier, et institués de Dieu pour être l'oracle infaillible en matière de dogme et de morale, ils ne permettent point que les fidèles défèrent aveuglément à l'opinion d'un homme quel que soit le mérite de cet homme en science et en sainteté. « Voulez-vous, dit Balmès, savoir quel est l'enseignement de l'Église catholique ? Consultez les décisions des conciles et des souverains pontifes, consultez aussi les docteurs de réputation insigne et pure ; mais gardez-vous de confondre les opinions d'un auteur, quelque respectable qu'il soit, avec les doctrines de l'Église et la voix du vicaire de Jésus-Christ (1).

De plus, lorsqu'on veut déterminer exactement l'action de Dieu, dans la constitution sociale, il faut établir une différence notable entre l'origine du pouvoir civil et l'origine du pouvoir ecclésiastique. Le pouvoir ecclésiastique émane de Dieu non seulement en un sens *général*, c'est-à-dire en ce sens que tout être vient de Dieu; non seulement en un sens *social*, c'est-à-dire que l'Église étant une société, Dieu a voulu l'existence d'un pouvoir qui la gouverne; mais d'une manière très spéciale et tout à fait *personnelle*, c'est-à-dire que Dieu a institué *lui-même* ce pouvoir, qu'il en a réglé lui-même *la forme*, qu'il a désigné par lui-même *la personne*, et que par conséquent le successeur de saint Pierre est *de droit divin*, le suprême hiérarque, le pasteur souverain et le docteur infaillible de l'Église universelle, possédant, sur toute l'Église la suprématie d'honneur et la plénitude de juridiction.

Maintenant, sur l'origine divine de la société, écoutons d'abord saint Thomas, cet ange de l'École, dont Léon XIII se fait scrupule de suivre et de recommander les enseignements. « Si l'homme, dit-il, devait vivre seul, ainsi que beaucoup d'animaux, il n'aurait besoin de personne pour le conduire à sa fin; chaque homme serait à lui-même son propre roi, sous la royauté suprême de Dieu, en tant qu'il se dirigerait lui-même par la lumière de la raison que lui a donnée le Créateur. Mais il est dans la nature de l'homme d'être un animal social et politique, vivant en communauté, à la différence de tous les animaux : chose que le besoin même de la nature montre clairement. La nature a préparé aux autres animaux la nourriture, le poil pour vêtement, les moyens de défense, comme les dents, les cornes, les griffes, ou du moins la rapidité de la fuite; elle n'a doté l'homme d'aucune de ces qualités, mais en échange, elle lui a donné la raison, par laquelle avec le secours des mains, il peut se procurer ce dont il a besoin. Mais, pour l'obtenir un homme seul ne suffit pas, car il ne se suffirait pas à lui-même pour conserver sa propre vie; donc il est dans la nature de l'homme de vivre en société. De plus, la nature a accordé aux autres animaux le discernement de ce qui leur est utile ou nuisible : ainsi la brebis a naturellement horreur de son ennemi le loup. Il est aussi des animaux qui naturellement connaissent les herbes qui peuvent leur servir de remèdes et autres choses nécessaires à leur conservation; mais l'homme n'a pas naturellement la connaissance de ce qui est né-

(1) *Le Protestantisme comparé au catholicisme*, t. III, p. 6.

cessaire à sa vie, si ce n'est dans la communauté, en tant que le secours de la raison peut conduire des principes universels à la connaissance des choses particulières nécessaires à la vie humaine. Ainsi donc, puisqu'il est impossible qu'un homme seul obtienne par lui-même, toutes ces connaissances ; il est nécessaire que l'homme vive en société, l'un aidant l'autre, chacun appliqué à sa tâche respective : par exemple, l'un dans la médecine, celui-ci de telle manière, celui-là de telle autre. Cela nous est démontré avec une grande évidence par cette faculté propre à l'homme, le langage, au moyen duquel il peut communiquer aux autres toute sa pensée. A la vérité, les animaux grossiers se traduisent naturellement leurs passions, comme le chien exprime sa colère par ses aboiements et les autres animaux leurs passions en différentes manières. L'homme cependant, à l'égard de son semblable, est plus communicatif que tout autre animal, même de ceux qui sont plus inclinés à vivre réunis, comme les grues, les fourmis, les abeilles. C'est pourquoi Salomon, dans l'Ecclésiaste, dit : « Mieux vaut être deux qu'un seul ; car on a l'avantage de la société mutuelle ». Donc, s'il est naturel à l'homme de vivre en société, il est nécessaire qu'il soit, parmi les hommes quelqu'un qui dirige la multitude ; car, beaucoup d'hommes étant réunis, et chacun d'eux faisant ce qui lui semblerait bon, la multitude se dissoudrait si quelqu'un n'avait soin du bien commun ; comme il arriverait au corps humain et au corps de tout autre animal, s'il n'existait point une force qui le dirigeât, veillant au bien de tous ses membres. Sur quoi Salomon dit : « Là où il n'y a point quelqu'un qui gouverne, le peuple sera dispersé ». Dans l'homme lui-même, l'âme dirige le corps ; et dans l'homme, les facultés irascibles et concupiscibles sont gouvernées par la raison. Parmi les membres du corps, il en est également un principal qui les mène tous, comme le cœur ou la tête ; il doit donc y avoir, dans toute multitude, quelqu'un qui gouverne (1) ».

Ce passage si remarquable par sa profonde sagesse, contient en peu de mots, tout ce qui peut être dit touchant l'origine naturelle de la société et du pouvoir. L'infirmité de l'homme, la diversité des fonctions, la division du travail, le langage, l'inclination vive de l'homme aux relations sociales, le poids de la solitude, la nécessité d'une organisation et d'une direction : cela suffit à saint Thomas pour prouver la nécessité absolue, par conséquent divine, de la société et du pouvoir. Si, là où saint Thomas met le mot *nature*, vous substituez le mot *Dieu*, car c'est Dieu qui est l'auteur de la nature, vous verrez sur quoi Dieu a fondé naturellement son œuvre. Dieu a rendu la société et l'autorité nécessaires et dans leur

---

1. Saint Thomas ; *De regimine principum*, Lib. I, Cap. I.

nécessité, il a fondé leur droit divin. Libre à Rousseau de se cacher dans sa cave, libre à tout disciple insensé de Rousseau de se confiner au désert; le genre humain, pris en masse, obéit à d'autres inspirations. L'état social lui est naturel, nécessaire; le pouvoir est indispensable à la société ; sur ces deux bases divines évolue l'histoire du genre humain.

Ainsi, d'après saint Thomas, d'après tous les théologiens dont Léon XIII authentique et accrédite la doctrine, l'homme n'a point été créé pour vivre seul ; son existence suppose une famille, ses inclinations tendent à en former une nouvelle, sans laquelle le genre humain ne pourrait se perpétuer. Les familles sont unies entre elles par des rapports intimes, des besoins communs, une assistance nécessaire ; aucune ne saurait être heureuse, ni même se conserver, sans le secours des autres ; donc elles ont dû se confédérer en tribus. Cette société ne pouvait subsister sans ordre, sans justice, sans protection; l'ordre avait besoin d'un gardien ; la justice, d'un interprète et d'une force exécutive. De là naît le pouvoir civil. Dieu, qui a créé l'homme, qui veut la conservation du genre humain, a voulu par conséquent l'existence de la société et l'existence de pouvoir. Donc l'existence de pouvoir se trouve conforme à la volonté de Dieu au même titre que l'existence de la puissance paternelle ; si la famille, en effet, a besoin de la puissance paternelle, la société n'a pas moins besoin du pouvoir civil. Dieu a daigné mettre à l'abri des arguties et des erreurs cette importante vérité, en déclarant, dans les Écritures, que toutes les puissances émanent de lui, que nous sommes obligés de leur obéir, que quiconque leur résiste, résiste à l'ordre de Dieu et s'acquiert la damnation. Ainsi le droit naturel, le droit humain et le droit divin s'enlacent les uns aux autres et s'appuient mutuellement : la révélation sanctionne les oracles de la raison.

En ce qui touche particulièrement le pouvoir civil, les théologiens expliquent ainsi les Écritures : Tout pouvoir vient de Dieu, car le pouvoir est un être, or, Dieu est la source de tout être; le pouvoir est une domination, or, Dieu est le premier maître de toutes choses ; le pouvoir est un droit, or, en Dieu se trouve l'origine de tous les droits ; le pouvoir est un moteur moral, or, Dieu est la cause universelle de toute espèce de mouvement; le pouvoir tend vers une fin élevée, or, Dieu est la fin de toutes les créatures : sa providence dispose tout avec force et douceur. Saint Thomas, parlant pour tous, affirme que « toute domination vient de Dieu, comme premier maître, ce qui peut se démontrer de trois manières : en tant que c'est un *être*, en tant que c'est un *moteur*, en tant que c'est une *fin* (1) ».

1. *De Regimine principum*, Lib, III, chap. I.

« Tout pouvoir vient de Dieu, je l'avoue, s'écrie Rousseau ; mais toute
maladie en vient aussi. Est-ce à dire qu'il soit défendu d'appeler le méde-
cin (1) ? » La maladie ne vient pas de Dieu, mais du péché : Dieu n'a
fait ni la maladie, ni la mort. Quand Dieu serait l'auteur de la maladie,
l'assimilation de Rousseau serait encore inadmissible. Le pouvoir n'est
pas considéré, dans l'espèce, comme force *physique*, mais comme puissance *morale*. Dans l'ordre moral, la puissance illégitime n'est
point une puissance, ce n'est rien ; par conséquent, nulle nécessité d'en
rechercher l'origine, ni en Dieu, ni nulle part. Le pouvoir émane de
Dieu, comme de la source de tout droit, de toute justice, de toute légitimité ; ce pouvoir considéré, non pas comme force physique, mais comme
être moral, n'a pu venir que de Dieu, en qui réside la plénitude de l'être,
de la sagesse et de la puissance.

La nature désigne elle-même les personnes en qui réside la puissance
paternelle ; pour les dépositaires de la puissance civile, elle s'abstient de
toute indication. Y a-t-il quelqu'un naturellement investi de ce pouvoir
temporel? S'il y avait quelqu'un, il est clair que le pouvoir civil n'aurait d'autre origine que la puissance paternelle. Cependant on saisit aisément la distance qui sépare l'ordre domestique de l'ordre civil, le but
divers de l'un et de l'autre, la diversité des règles auxquelles ils doivent
être soumis et la diversité des moyens dont l'un et l'autre se servent
pour le gouvernement. Certainement la famille offre un type de société
idéale ; mais des analogies ne suffisent pas pour fonder des droits. La
théorie qui reconnaît dans la puissance paternelle l'origine du pouvoir
civil, sera, si l'on veut, fort belle ; elle pourra s'appuyer des souvenirs
lointains du gouvernement patriarcal. Mais d'abord, elle affirme et ne
prouve pas ; ensuite, elle ne sert à rien pour consolider les gouvernements, car pas un seul ne pourrait établir sa légitimité, s'il fallait la fonder
sur ce titre. D'ailleurs cette théorie ne conclut pas contre l'origine divine
du pouvoir social ; ce pouvoir viendrait encore de Dieu, par l'intermé-
diaire de la famille.

Rousseau, pour exclure Dieu, cherche l'origine du pouvoir dans la volonté des hommes ; il suppose que le pouvoir est le résultat d'un pacte en
vertu duquel les individus sont convenus de retrancher quelque chose à
leur liberté naturelle, pour s'assurer les bénéfices de l'ordre social.
« Trouver, dit-il, une forme d'association qui défende et protège de toute
la force commune, la personne et les biens de chaque associé, et par laquelle, chacun s'unissant à tous, n'obéisse pourtant qu'à lui-même et

____

1. *Contrat social*, Liv. I, Ch. III.

reste aussi libre qu'auparavant » : voilà, pour Rousseau, le problème. Ce
galimatias *n'obéir qu'à soi-même*, faire un *pacte et rester aussi libre qu'auparavant* : cela n'a pas besoin de réfutation. Rousseau ajoute : « les clau-
ses de ce contrat sont tellement déterminées par la nature de l'acte, que
la moindre modification les rendrait *vaines* et de nul effet (1) ». Avec ses
oracles, Rousseau résout précisément ce contrat qu'il voudrait former ;
en faisant de l'insurrection le plus sacré des devoirs, il rend la société
impossible : Rousseau est le romancier de l'état sauvage : son fanatisme
empiré est un attentat contre le genre humain.

D'autres, moins radicaux, ont repris la théorie du pacte, non pour détruire le pouvoir, mais pour le fortifier. Or, cette doctrine est impuissante à légitimer l'origine et les facultés du pouvoir. D'abord ce pacte
explicite n'a jamais existé ; lors même qu'il s'agirait de la société la plus
exiguë, un tel pacte n'aurait pu obtenir le consentement de tous les individus. Les chefs de famille auraient pris seuls part à la convention, à
moins d'ouvrir la voie aux réclamations des femmes, des enfants et des
serviteurs, il faudrait tout de suite recourir à la fiction de leur consentement implicite. Le consentement des chefs de famille ne pourrait même
pas s'obtenir, si la société était un peu étendue. De plus, le consentement
des générations successives devrait encore être implicite, à moins de renouveler le pacte à chaque instant. La société alors devrait passer sa vie
sur la place publique, à la merci des intrigants, ou crever de faim. La
raison et l'histoire enseignent qu'aucune société ne s'est formée de la sorte
qu'aucun gouvernement ne peut se maintenir par un tel principe. Voilà
donc une théorie impossible. Or la meilleure manière de convaincre de
fausseté une théorie qui a un objet pratique, c'est de prouver qu'elle est
inapplicable.

Les droits nécessaires au pouvoir civil sont d'une nature telle qu'ils
n'ont pu émaner d'un pacte. S'il s'agissait simplement d'administrer des
biens sublunaires, on conçoit que chaque propriétaire pourrait par mandat légitime, se choisir des représentants. Le pouvoir politique va beaucoup plus loin ; il a besoin de posséder le droit de vie et de mort. Ce droit
ne peut venir que de Dieu ; l'homme ne le possède point, ni sur lui-
même, ni sur d'autres ; il ne peut donc le déléguer. On pourrait objecter
que si l'homme n'a point, sur sa vie un pouvoir arbitraire, le besoin de
la société peut exiger une restriction. Si cette restriction est laissée au
libre examen des particuliers, vous ouvrez la porte au suicide ; si elle
n'est admise par la société que pour le cas de légitime défense, à moins

____
1. *Contrat social*, liv. I, ch. 6.

de recourir à Dieu pour autoriser le droit de vie et de mort, vous supprimez les principes de délit, de peine, de châtiment, de justice. Dans cette hypothèse, le juge ne punit pas le crime ; il réprime seulement un acte nuisible à la société. Si vous affirmez que le juge *punit*, vous changez l'état de la question ; on ne punit qu'au nom de Dieu ; de Dieu seul peut émaner le droit d'infliger la peine de mort.

En résumé, le droit divin, dans son application à l'ordre social, consiste à dire que la société et le pouvoir sont de Dieu. Ce droit divin, considéré en lui-même, est d'accord avec la véritable philosophie. En effet, si le pouvoir civil ne vient pas de Dieu, sur quelle base peut-on l'appuyer ? Ni la transformation du droit paternel, ni la théorie du contrat social n'expliquent suffisamment l'origine du pouvoir civil. Si l'homme qui exerce ce pouvoir ne tire pas du ciel la légitimité de son exercice, tous les titres seront impuissants à protéger son droit. Ce droit sera radicalement nul, d'une nullité irrémédiable ; admettons, au contraire, que tout pouvoir vient de Dieu, nous comprenons facilement le devoir de l'obéissance ; cette soumission n'a rien qui offense notre dignité. Dans la première hypothèse, le pouvoir n'a plus que force physique ou astuce ; en tout cas, tyrannie ; nulle raison, nulle justice ; peut-être la nécessité de nous soumettre, mais point d'obligation morale. « En vertu de quel titre, demande Balmès, un homme prétend-il nous commander ? En vertu de la supériorité de son intelligence ? Qui lui a décerné la palme ? D'ailleurs cette supériorité ne fonde point un droit ; en certains cas, sa direction pourra être utile, mais elle ne sera pas obligatoire. Sera-ce parce que cet homme sera plus fort que nous ? En ce cas, l'éléphant devrait être le roi du monde. Parce qu'il sera riche ? La raison et la justice ne résident point dans la richesse. Le riche est arrivé nu dans le monde ; il n'emportera point ses richesses au tombeau ; sur la terre, elles ont pu lui servir de moyens pour acquérir le pouvoir, non de titres, pour le légitimer. Sera-ce en vertu de quelques facultés octroyées par d'autres hommes ? Qui a constitué ces hommes nos procureurs ? Où est notre consentement ? Qui a réuni nos votes ? Comment d'ailleurs nous flatter de posséder les hautes facultés que suppose l'exercice du pouvoir civil ? Que si nous ne les possédions pas, comment pourrions-nous les déléguer (1) ?

Non ; la société n'est point l'ouvrage de l'homme ; non, l'existence régulière de la société ne dépend point du consentement des hommes. Une nécessité impérieuse, exige que la société publique soit établie, sans quoi le genre humain eût été voué à la destruction et le monde n'aurait

_____

1. *Le Protestantisme*, t. III, p. 60.

plus que le silence des tombeaux. Dieu, en créant l'homme, ne l'a point jeté sur un lit de roseaux, le laissant à la merci des aventures ou au caprice du hasard ; il lui a confié le droit de pourvoir aux nécessités de sa condition et lui a inspiré le devoir de se conserver. L'existence du genre humain implique donc l'existence du droit de gouverner et l'obligation d'obéir. C'est la doctrine pontificale du droit divin. Il n'y a pas au monde, une théorie plus claire, plus simple et plus solide.

La transmission du pouvoir et les formes du gouvernement.

X. — L'enseignement de Léon XIII ne peut déplaire qu'aux athées : nous n'avons pas à les réfuter ici. Mais telle est l'infatuation du siècle qu'à ce seul mot de *droit divin* de la société et du pouvoir, des esprits légers, pour ne rien dire de plus, vont sourire. A leurs yeux, invoquer le droit divin, c'est river un peuple, à telle forme du gouvernement ou a telle famille, que la nation, par suite, cesse de s'appartenir et d'être sous la puissance de son propre conseil. A entendre ces rieurs absurdes, on dirait que les catholiques supposent au profit de certaines familles et de certaines formes de gouvernement, une sorte de bulle d'institution envoyée du ciel ; on dirait que nous ignorons grossièrement l'histoire des pouvoirs civils et les vicissitudes des dynasties. Avec un peu plus d'attention et d'intelligence, on aurait compris que le Pape ne fait qu'établir un principe, reconnu de tous les législateurs de l'antiquité et qui fait partie de la tradition du genre humain. Il y a seize siècles que Jean Bouche d'Or avait posé une indispensable distinction. « Il n'y a point de puissance qui ne vienne de Dieu ». « Que dites-vous, demande le grand Chrysostome ? Tout prince est donc constitué de Dieu ? Je ne dis point cela, puisque je ne parle d'aucun prince en particulier, mais de la chose en elle-même, c'est-à-dire de la puissance. J'affirme que l'existence des principautés est l'œuvre de la divine sagesse et que c'est elle qui fait que toutes les choses ne sont point livrées à un téméraire hasard. C'est pourquoi l'Apôtre ne dit point : « Il n'y a point de *prince* qui ne vienne de Dieu » ; mais il dit, parlant de la chose en elle-même : « Il n'y a point de *puissance* qui ne vienne de Dieu (1) ». C'est l'évidence même. Le droit divin, c'est qu'il existe un pouvoir pour gouverner la société ; c'est que l'ordre public ne soit point à la merci des fantaisies et des passions. Cette doctrine assure l'ordre public, en fondant sur des motifs de conscience l'obligation d'obéir ; elle ne descend pas aux questions de formes de gou-

1. *Sur l'Épitre aux Romains*, Homélie 23.

vernement, de familles royales et autres, questions subalternes qui ne touchent point au principe fondamental de l'ordre chrétien.

Sur la question de formes gouvernementales, le Pape est très explicite. La souveraineté n'est en soi nécessairement liée à aucune forme politique. Dans l'encyclique *Diuturnum*, Léon XIII avait dit : « Il n'y a nulle raison pour l'Église de ne pas s'accommoder du gouvernement d'un seul ou de plusieurs, pourvu qu'il soit juste et qu'il tende au bien commun ». Est-ce à dire que la forme politique soit, en *fait*, aussi indifférente qu'elle l'est en *principe*, à ne considérer que le droit naturel ? Telle n'est point la pensée du Pape : « C'est pourquoi, ajoute-t-il, la justice étant sauve, rien n'empêche les peuples d'adopter le genre de gouvernement qui convient mieux à leur caractère, aux institutions et aux mœurs des ancêtres ». Les droits de la justice, le caractère des nations, les traditions historiques : voilà, d'après l'enseignement du Pape, les éléments d'un choix entre les diverses formes de gouvernement. Les raisons qu'on a de préférer l'une ou l'autre, sont discutables. « Mais, s'il s'agit de questions purement politiques, dit l'Encyclique *Immortale Dei*, s'il s'agit du meilleur genre de gouvernement, de tel ou tel système d'administration civile, des divergences honnêtes sont permises ». On peut donc discuter ces questions sans que la foi y soit engagée en aucune manière. On peut avoir tort sans être hérétique ou suspect d'hérésie (1).

Le Pape, fidèle écho de l'enseignement théologique, ne pousse pas plus loin ; mais ce qu'il ne dit pas, il le confirme au moins par son silence. Il me paraît curieux, et même au point de vue de la discussion, important, de rapporter ici ce que dit à ce propos Bellarmin. Bellarmin est le théologien en quelque sorte officiel de l'Église Romaine : il a enseigné au collège pontifical ; il a été revêtu de la pourpre romaine ; il forme avec saint Thomas et Suarez, une sorte de triumvirat théologique. Pour tout ce qui concerne le dogme et la morale, il a exercé une profonde influence ; il est digne certainement de tous les respects.

Bellarmin se contente d'établir le dogme ; il n'étend pas ses déductions au-delà de certaines limites ; il se garde bien de prendre les devants sur l'autorité de l'Église. Mais, écrivant pour réfuter le protestantisme, après avoir établi le dogme, il distingue nettement ce qui n'en fait point partie. Dans cette très grave question du droit divin, lorsqu'il a prouvé, par l'autorité de l'Écriture-Sainte, ce dogme, que la puissance civile émane de Dieu, l'illustre écrivain explique en quel sens on doit

----

1. Perriot, l'*Encyclique Immortale Dei et ses enseignements*, p. 36.

entendre cette doctrine. « Mais, dit-il, il faut faire ici quelques observations. En premier lieu, la puissance politique considérée en général et sans descendre particulièrement à la monarchie, à l'aristocratie ou à la démocratie, émane immédiatement de Dieu seul ; car, étant nécessairement annexée à la nature de l'homme, elle procède de celui qui a fait la nature même de l'homme. En outre, cette puissance est de droit naturel, puisqu'elle ne dépend pas du consentement des hommes ; car ils doivent avoir un gouvernement, qu'ils le veuillent ou qu'ils ne le veuillent pas, à moins de désirer que le genre humain périsse, ce qui est contre l'inclination de la nature. C'est ainsi que le *droit de nature est droit divin* ; donc le gouvernement est introduit de droit divin, et c'est là proprement ce que l'Apôtre semble avoir en vue lorsqu'il dit aux Romains : « Celui qui résiste à la puissance, résiste à l'ordre de Dieu ».

Cette doctrine renverse toute la théorie de Rousseau, de quelques protestants et de plusieurs autres hérétiques ou libres-penseurs, qui, au nom de la liberté, prétendaient condamner toutes les puissances. Mais, dit-on, cette théorie est ennemie de la liberté. Eh quoi ! l'homme ne pourrait-il être libre sans être athée et y aurait-il, pour l'homme, quelque ignominie à rester sous l'empire de Dieu ? Bellarmin continue : « En second lieu, remarquez que cette puissance réside *immédiatement* comme dans son sujet, *dans toute la multitude*, car cette puissance est de droit divin. Le droit divin n'a donné le pouvoir en particulier à aucun homme, donc il l'a donné à la multitude. D'ailleurs, le droit positif étant ôté, il n'y a pas de raison, en un grand nombre d'hommes égaux, pour que l'un domine plutôt que l'autre : donc la puissance est de toute la multitude. Enfin, la société humaine doit être une république parfaite ; elle doit donc avoir la puissance de se conserver et, par conséquent, de châtier les perturbateurs de la paix ».

Quand Bellarmin établit que le pouvoir créé de Dieu, réside immédiatement dans la multitude, il n'entend pas que ce pouvoir ne vient pas de Dieu, et qu'il résulte, comme dit Rousseau, des conventions humaines. La multitude est le canal par lequel passe le pouvoir divin de commander, pour arriver à son légitime titulaire. Que ce soit là le véritable sens de ses paroles, c'est ce qu'on induit des observations subséquentes : « En troisième lieu, dit le cardinal, remarquez que la multitude transfère cette puissance à une personne ou à plusieurs, par le droit même de la nature ; car la république ne pouvant l'exercer par elle-même, est obligée de le communiquer à un seul, ou à quelques-uns en petit nombre ; et c'est ainsi que la puissance des princes, considérée en général, est de droit naturel et divin : le genre humain lui-même, dut-il se réunir tout entier, ne pourrait établir le contraire, savoir qu'il n'existât point de prince, ni de gouvernement ».

Le pouvoir vient de Dieu par le peuple, et se concrète dans un titulaire; mais la société est parfaitement libre de choisir la forme de gouvernement qui lui convient. Et puisque la doctrine catholique se concilie avec toutes les formes de gouvernement, comment peut-on bien, sans calomnie, l'accuser d'être incompatible avec la liberté? « En quatrième lieu, dit Bellarmin, remarquez que les formes du gouvernement, en particulier, sont du droit des gens, non du droit naturel; puisqu'il dépend évidemment, du consentement de la multitude, de constituer au-dessus d'elle, un roi, des consuls ou d'autres magistrats; et moyennant une cause légitime, la multitude peut changer une royauté en aristocratie ou en démocratie, et *vice versa*, comme nous lisons que cela eut lieu à Rome. »

« En cinquième lieu, remarquez qu'il suit de ce que nous avons dit, que cette puissance en particulier, *vient de Dieu*, mais *moyennant* le conseil et l'élection de la part de l'homme, comme toutes les autres choses qui appartiennent au droit des gens; car le droit des gens est comme une conclusion déduite du droit naturel par le raisonnement humain. D'où suit une double différence entre la puissance politique et la puissance ecclésiastique : 1° différence du côté du *sujet*, puisque la puissance politique se trouve dans la multitude, et la puissance ecclésiastique dans un homme, *immédiatement*, comme dans son sujet; 2° différence du côté de la *cause* puisque la puissance politique, considérée généralement, est de droit divin, et, en particulier, du droit des gens, tandis que la puissance ecclésiastique est *de toute manière* de droit divin et émane immédiatement de Dieu (1).

Telle est la grande doctrine de Bellarmin. Suarez, Concina, Billuart, Busembaum, saint Alphonse de Liguori, disent équivalemment la même chose. Leur sentiment est communément reçu dans l'Église, et, puisque le pape ne dit rien, c'est qu'il l'accepte; il le suppose même par ce qu'il dit des formes de gouvernement. Les docteurs catholiques, jaloux de préciser les idées et d'en présenter toujours une exacte expression, demandent, à ce propos, si la multitude communique elle-même au titulaire qu'elle désigne, le droit divin du pouvoir, ou si Dieu se réserve de conférer lui-même ce pouvoir au titulaire désigné par la multitude. Cette question n'a pas, par elle-même une grande importance. Que le pouvoir vienne directement de Dieu ou qu'il vienne de Dieu par

____

1. BELLARMINI *Controversiæ*. Cont. V. Lib. III. *De laois*, éd. Fèvre.

le canal du peuple ; que la collation soit *immédiate* ou *médiate*, la puissance suprême venant toujours de Dieu ; dans les deux cas, elle est également sacrée. La différence des formes de gouvernement ne diminue en rien l'obligation d'obéir à la puissance civile. Refuser l'obéissance à un Président de république, dans un pays ou la République est la forme légitime de gouvernement, c'est résister à l'ordre de Dieu, d'une façon aussi coupable que si l'on refusait l'obéissance au plus puissant monarque. Quelque opinion qu'on adopte, la sainteté de l'origine du pouvoir reste la même ; le respect et l'obéissance qui lui sont dus ne sont altérés en rien ; les devoirs et droits du gouvernement et du peuple restent également sous la sauvegarde Dieu.

Les théologiens du xvie siècle appuient cependant beaucoup sur cette distinction : pourquoi ? C'est qu'alors le protestantisme, pour abaisser les papes, exagérait beaucoup les droits de la puissance civile ; il relevait le type augustal des César, et mettait l'Église à la discrétion de l'État. Précédemment, les trônes avaient acquis beaucoup de force et de solidité, par l'abaissement des seigneurs féodaux et le développement de la démocratie, le pouvoir royal tendait à devenir une force absorbante, qui aurait résumé en elles toutes les forces de la nation. « Le protestantisme, dit Balmès, en attaquant la puissance spirituelle des papes, en peignant sans cesse des plus noires couleurs les dangers de leur puissance temporelle, exaltait à un point inouï les prétentions des rois. Ajoutez à cela la funeste doctrine établie par lui, que la puissance civile doit garder sur les affaires ecclésiastiques, une direction souveraine. L'indépendance que réclamait l'Église en vertu des sacrés canons, des garanties données par les lois civiles, des traditions de quinze siècles, et par dessus tout, de l'institution de son divin fondateur, ne fut plus qu'abus, superstition, ambition démesurée ; comme si Jésus-Christ avait eu besoin de la permission de quelque puissance civile pour envoyer dans tout l'univers ses Apôtres prêcher l'Évangile et baptiser au nom du Père, du Fils et du Saint-Esprit (1). »

Bellarmin et Suarez, en présence des déportements d'un Henri VIII et d'une Élisabeth, en présence des empiètements très déplorables même des princes catholiques, appuient donc pour la défense de l'Église, sur les droits de la communauté. En parlant de la république, du peuple, de la société et des droits, ils remettent les rois à leur place ; ils conjurent les périls de l'absolutisme, et si l'Europe avait écouté leurs conseils, elle se fût épargné bien des révolutions. Pour établir les droits du peu-

1. *Le Protestantisme*, t. III, p. 88.

ple, ces théologiens, bien différents des démagogues n'ont nul besoin de détruire la religion ; par la religion, ils protégeront les droits des peuples comme ceux des rois. En examinant de près leur doctrine, vous verrez que les théories anarchiques n'ont aucune part dans leur esprit. La société et le pouvoir de commander sont à leurs yeux des choses divines. D'une main, ils contiennent les droits du prince ; de l'autre, ils préconisent les droits du peuple, ils s'efforcent de résoudre le problème qui forme l'éternelle occupation de tout publiciste de bonne foi : limiter le pouvoir sans le détruire, ni lui imposer trop d'entraves ; placer la société à l'abri des dérèglements du despotisme, des agitations, de la discorde et des fureurs de la rébellion.

Les théologiens ont bien mérité de la science et de la civilisation ; le pape qui rappelle leur enseignement et le consacre, met en relief les lumières de l'Église et découvre les secrets de la puissance pontificale.

Les attributions du pouvoir civil.

XI. — Si le Pape laisse à l'arbitrage des nations, les formes de gouvernement et la transmission du pouvoir, en revanche, il appuie beaucoup sur les attributions et les obligations sacrées de la puissance temporelle. En quelques mots d'un style lapidaire, il dresse la charte d'un gouvernement parfait. « L'empire, dit-il, ne doit pas être dominateur, mais juste et comme paternel, parce que la puissance de Dieu sur les hommes est très juste, et unie à une bonté paternelle ; le pouvoir doit donc se rapporter à l'utilité des citoyens, parce que ceux qui sont à la tête des nations, sont revêtus du pouvoir, seulement pour couvrir de leur protection les intérêts de la cité. A aucun prix, la puissance civile ne doit servir aux avantages d'un seul ou de plusieurs, puisqu'elle est établie pour le bien commun de tous ». En suivant dans son évolution, la pensée du pape, on ne peut qu'admirer sa grandeur. Le pouvoir est de Dieu, il doit agir comme Dieu et à son exemple, il doit unir, à la force, la douceur ; il doit répudier tout égoisme ; il doit se sacrifier au bien commun ; il doit être l'image de la Providence et en remplir autant qu'il le peut les fonctions.

Que ceux qui reprochent calomnieusement à l'Église d'être le soutien du despotisme, entendent cette grande parole. Pour nous, notre cœur s'indigne, lorsque les impies imputent à la religion une tendance à opprimer. A la vérité, si l'on confond l'esprit de vraie liberté avec celui des démagogues, on ne le trouvera point dans le catholicisme. Mais qu'on cesse d'adultérer le sens des noms ; qu'on rende au mot *liberté* son acception raisonnable ; alors la religion catholique réclamera sans crainte la gratitude du genre humain ; car elle a christianisé le pouvoir, elle lui a assigné un but moral, elle l'a renfermé dans de justes limites, et par là, notre civilisation est son ouvrage. L'oracle pontifical, dans sa brièveté décisive, en fournit la preuve : en quelques lignes, il dresse le code de la puissance publique et résume l'histoire de la chrétienté.

Celui qui a dit que le genre humain avait perdu ses titres et que Rousseau les avait retrouvés, ne s'est pas fatigué longtemps à chercher les véritables titres du genre humain, ni quels titres a retrouvés le philosophe de Genève. On doit dire, au contraire, que le genre humain avait de fort bons titres et que Rousseau les lui fit perdre. Le meilleur papier du genre humain, c'est l'Évangile ; ce qui se dit à l'encontre est nul de soi. L'auteur du *Contrat social* s'est proposé de déterminer l'origine et les attributions du pouvoir civil ; il l'a fait en démagogue ; il ne présente pas la lumière qui éclaire, mais agite la torche qui allume l'*incendie*. Depuis qu'il a parlé, il s'est fait, dans les idées, une grande confusion. Les révolutions ont produit un bouleversement dans la spéculation comme dans la pratique ; les gouvernements ont été tantôt révolutionnaires, tantôt réactionnaires ; et tantôt la révolution, tantôt la réaction ont donné leur empreinte aux doctrines. Il est difficile aujourd'hui d'obtenir une connaissance claire, véritable, exacte de la nature du pouvoir civil et du caractère de ses attributions.

Le pouvoir agit sur la société au moyen de la loi. Rousseau enfle sa bouche et nous crie que la loi doit être l'expansion de la *volonté* générale ; il clame que *tout le monde* doit prendre part à son établissement.

« Aux premiers siècles de notre ère, répond la *Civilta cattolica*, tandis que des monstres couronnés gouvernaient le monde, les jurisconsultes de la cour mirent en faveur cette maxime : que la volonté du prince faisait loi : *Quidquid principi placuit, legis habet vigorem*. De nos jours, alors que le christianisme a perdu une grande partie de son empire, maintenant que le pouvoir est en partie aux mains d'une multitude fort peu intelligente, de ce qu'on appelle vulgairement la populace, les législateurs de carrefour proclament avec non moins d'assurance que c'est la multitude de cette volonté qui fait loi. Nul n'ignore, en effet, que dans la pratique révolutionnaire, ce qu'on entend par volonté générale n'est autre chose que le caprice, souvent sanguinaire, presque toujours brutal de la plus vile multitude, de cette foule sans nom que l'on grise avec des accents incendiaires, ou que l'on achète à beaux deniers comptants, foule méprisable et peut-être encore plus digne de pitié, où figurent parfois bon nombre de cravates blanches et de gants jaunes. Cette tourbe sans consistance forme-t-elle réellement la majorité? Dans ce cas, d'après la maxime citée plus haut, c'est à elle qu'appartient sans contrôle le droit de faire des lois. Se trouve-t-elle en minorité, cette minorité impose silence aux honnêtes gens, trop souvent retenus par la timidité, et, au milieu de l'abstention générale, agit avec audace. N'est-ce pas là ce qui se passe communément depuis l'inauguration des principes dangereux et faux que l'irréflexion préconise? Quel abaissement des caractères, quel oubli de la dignité humaine! Quelle chute dans l'abjection! chute d'autant plus profonde que la Religion avait élevée la nature humaine à une plus grande hauteur.

« Eh quoi! le caractère auguste et en quelque sorte sacré de la loi, dépendrait uniquement d'une question de nombre! Mais qui sont ceux qui composent le plus souvent la majorité? Ne sont-ce pas les esprits vulgaires, les caractères faibles, les cœurs pusillanimes? Voilà donc les créateurs du droit, de la justice, de la loi. Pilate et tous les courtisans d'une plèbe égarée sont bien dignes de leur tenir compagnie. Le sage dans l'antiquité, a de plus nobles sentiments : il brave les fureurs d'une foule aveuglée : *Civium ardor prava jubentium*. Le chrétien fait plus encore. Quand il ne peut comprimer par la force ces emportements, il s'expose, sans pâlir, à la dent des lions ; il contemple d'un œil serein ces légions de martyrs que les sauvages clameurs du peuple (l'expression de la volonté générale) poussaient à l'amphithéâtre. Hélas! parmi les constituants de 89, combien furent, eux aussi en vertu de cette prétendue expression de la volonté générale, condamnés à une mort cruelle et contraints de gravir les marches de l'échafaud (1) ».

Léon XIII, après avoir, dans l'Encyclique *Immortale Dei*, déterminé l'objet moral du pouvoir, en appelle, dans l'Encyclique *Libertas*, pour la définition de la loi, non pas à Rousseau, mais à Saint Thomas. Vous aviez forgé, dans votre imagination, entre la religion et le despotisme, une alliance criminelle ; vous aviez cru peut-être entrevoir, dans la domaine obscurité des cloîtres, les preuves de ce pacte infâme ; eh bien, apprenez quel est le jugement d'un religieux du XIIIe siècle sur la nature de la loi. Les théologiens catholiques sont si loin de soutenir le despotisme, qu'ils penchent d'une manière particulière vers le développement de la vraie liberté. Le prototype des écoles de théologie, le modèle

___

1. LÉONCE DE LA RALLAYE. *Le libéralisme jugé par la Civiltà*, p. 46.

vers lequel depuis six siècles sont tournés tous les regards, c'est l'Ange de l'École, saint Thomas. Or, nous pouvons défier nos adversaires de présenter un juriste, un philosophe, qui expose avec plus de lucidité, de sagesse, d'indépendance, les principes de la loi et les prérogatives du pouvoir.

La loi, d'après saint Thomas, se définit un « réglement dicté par la raison, ayant pour but le bien commun et promulgué par celui qui a soin de la communauté ».

Un réglement dicté par la raison : Rationis ordinatio. Voilà, d'un seul mot, l'arbitraire et la force bannis, voilà le principe que la loi n'est pas un pur effet de la volonté. La loi est un acte de raison, de cette raison qui, si elle n'est pas la raison éternelle de Dieu, en doit être un écoulement, ou si l'on aime mieux, une sorte d'image, de reflet, ordonnant, selon les règles immuables, les rapports variables qui existent entre les créatures douées de raison. De là vient que dans la langue chrétienne, commander est devenu synonyme d'ordonner, c'est-à-dire de mettre en ordre. Sans doute, une fois que cette raison d'ordre, ou plutôt cette ordonnance de raison, s'est fixée dans l'esprit du législateur, il faut que sa volonté y adhère et qu'elle en fasse un commandement à ceux qu'elle doit diriger. Les actes de pure raison, sans le concours de la volonté, forment une pensée, non une loi ; ils éclairent, ils ne font point agir. On ne peut concevoir l'existence de la loi qu'après que la volonté qui commande s'est mise au service de la raison qui dispose. Cela n'empêche pas que toute loi, pour mériter le nom de loi, soit tenue d'avoir un fondement dans la raison. Cette observation capitale n'a pas échappé à la pénétration de saint Thomas : La raison, dit-il, reçoit de la volonté, la force de mouvoir ; car, par cela même que la volonté *veut la fin,* la raison *commande* par rapport aux choses qui conduisent à la fin ; mais pour que la volonté ait *force de loi* dans ce qu'elle commande, elle doit être *réglée* par quelque raison, c'est ainsi qu'on entend que la volonté du prince a force de loi : s'il en était autrement la volonté du prince serait *moins une loi qu'une iniquité* ». (Quest. 90, art. 1).

Balmès fait, à ce propos, des réflexions que je me plais à rapporter. « Ces doctrines de saint Thomas, dit-il, ont été celles de tous les théologiens ; l'impartialité et le bon sens diront si elles sont favorables à l'arbitraire et au despotisme, si elles s'opposent en quoi que ce soit à la vraie liberté, si elles ne sont pas éminemment conformes à la dignité humaine. Ces doctrines sont la déclaration la plus explicite, la plus concluante touchant les limites du pouvoir civil ; et, à coup sûr, elles valent un peu mieux, sous ce rapport, que toutes les déclarations des droits de l'homme. Ce qui humilie la volonté, ce qui blesse en nous le sentiment d'une juste indépendance, c'est le commandement exercé *par la volonté* d'autrui, c'est la soumission réclamée au nom de la volonté d'un homme. Mais se soumettre à la raison, se laisser diriger par ses prescriptions, ce n'est point s'abaisser ; c'est, au contraire, s'élever, car c'est vivre conformément à l'ordre éternel, à la raison divine (1) ».

Saint Thomas dit, encore : « Les lois humaines, si elles sont justes, ont la force d'obliger au for de la conscience et elles tiennent cette force de la loi éternelle, de laquelle elles dérivent ». (Quest. 96, art. 3). Dans l'Encyclique *Libertas*, Léon XIII se réfère à cette doctrine pour nous apprendre que les lois civiles ne puisent leur force que dans la loi naturelle, et que la loi naturelle n'est elle-même qu'une application de la loi divine. C'est un peu plus philosophique et surtout plus noble que de chercher la force obligatoire des lois dans la raison privée, dans la volonté générale ou dans les contrats. De cette manière, on rend compréhensibles, la société, le pouvoir, la loi et l'obéissance ; on asseoit, sur des bases solides, les droits et les devoirs. Ce n'est plus la volonté d'un homme qui règne sur les hommes, ce n'est plus sa simple raison, mais la raison servant d'organe à Dieu, ou pour mieux dire, la raison même de Dieu, la loi éternelle. Dans cette sublime doctrine, le pouvoir trouve ses droits, ses devoirs, sa force, son autorité, son prestige ; dans cette même doctrine, la société trouve la plus ferme garantie de l'ordre, du bien-être, de la vraie liberté. La volonté de l'homme disparaît ; cette volonté se trouve changée en un instrument de la loi éternelle ; elle est élevée à un ministère divin. En observant les lois humaines, l'homme n'obéit qu'à Dieu.

La loi est pour le bien commun : ad bonum commune : c'est une des conditions constitutives de la loi. On a demandé si les rois étaient pour les peuples, ou les peuples pour les rois. Une pareille question suppose qu'on a bien peu réfléchi sur l'origine, l'objet et le but du pouvoir. Saint Thomas, d'un mot a répondu, le commandement est pour le bien commun ; si cette condition manque, le commandement est injuste : les gouvernants ne sont établis que pour l'avantage des gouvernés. Les chefs de peuples ne sont point des esclaves, comme l'a prétendu une absurde philosophie ; le pouvoir n'est pas un simple mandat, pour l'exercice d'une autorité fictive, soumis à chaque instant aux caprices de ceux auxquels il commande : les peuples ne sont pas davantage la propriété des rois. Les princes ne peuvent considérer leurs sujets comme des esclaves ; ils ne

1. *Le Protestantisme comparé*, t. III, p. 118.

sont point les arbitres de la vie et de la fortune ; ils sont obligés de veiller sur les gouvernés, non comme le maître sur les esclaves, mais comme le père sur sa famille.

« Le royaume n'est point pour le roi, mais le roi pour le royaume, dit encore saint Thomas. Dieu a constitué les rois pour régir et gouverner, et pour *conserver à chacun la possession de son droit* : telle est la fin de l'institution : que si les rois tournent les choses à leur profit, ce ne sont plus des rois, mais des tyrans (1). »

D'après cette doctrine, il est clair que les peuples ne sont point faits pour les gouvernements. Tous les gouvernements sont établis pour le bien de la société, et, quelle que soit la forme du pouvoir, le bien social doit être la boussole de ceux qui commandent. Depuis le président de la plus insignifiante république jusqu'au plus puissant monarque, nul ne peut se soustraire moralement à cette loi : c'est une loi antérieure à la société et supérieure aux lois humaines; elle émane de l'auteur de toute société ; elle est la source et la justification de toute loi. Si le gouvernement y manque, il excède, et il est de trop. Sous ce rapport il n'y a pas la moindre différence entre la république et la monarchie. Quiconque flatte le pouvoir le perd; au pouvoir, il ne faut rappeler que ses devoirs. « Rois, princes, magistrats, s'écrie un vénérable personnage, toute juridiction est ordonnée de Dieu pour la conservation, non pour la destruction des peuples ; pour la défense, non pour l'offense ; pour le droit, non pour l'outrage. Ceux qui écrivent que les rois peuvent tout ce qu'ils veulent, ouvrent la porte à la tyrannie. Ceux qui écrivent que les rois peuvent seulement ce qu'ils doivent, et peuvent ce dont ils ont besoin pour le bien de leurs sujets, pour la conservation de leur couronne, pour l'exaltation de la foi et de la religion catholique, pour la bonne et droite administration de la justice, pour la garde de la paix et le juste soutien de la guerre, pour l'éclat régulier et convenable de la dignité royale, l'honnête entretien de leur maison : ceux-là disent la vérité sans flatterie, ouvrent la porte à l'équité et aux vertus magnanimes (2) ».

Une fois les droits et devoirs de l'autorité établis sur la divinité de son origine; une fois le pouvoir transmis par Dieu, sous peu importe quelle forme de gouvernement; une fois l'exercice du pouvoir réglé par la loi éternelle de Dieu, il n'est plus permis d'exalter, ni de déprimer le pouvoir, il n'est plus nécessaire d'exiger de lui l'accomplissement de ses obli-

1. *De regimine principum,* cap. 11.
2. *Hist. real, sagrada,* Lib. I, Ch. 11.

gations, avec cette hauteur impérieuse qui l'énerve en l'humiliant. La flatterie et la menace sont également inutiles ; d'autres ressorts communiquent le mouvement ; d'autres barrières maintiennent dans les justes bornes. On ne rend plus un culte aux chefs des nations ; mais ils n'ont plus à essuyer les fureurs des tribuns et les révoltes de la multitude.

Saint Thomas ajoute que la loi doit être promulguée. Il est clair que la loi ne peut devenir obligatoire pour des êtres raisonnables, que s'ils viennent à la connaître ; ce qui implique la nécessité de sa promulgation. De même que Dieu, souverain ordonnateur et législateur suprême, promulgue en une certaine façon sa loi pour les êtres privés de raison, au moyen d'instincts qui font partie de leur nature ; de même, mais d'une manière beaucoup plus relevée, il la porte à la connaissance des créatures raisonnables, au moyen de la conscience. Or, l'un des principaux préceptes proclamés par la conscience, c'est que l'on doit obéissance même à la loi humaine ; d'où il suit que le législateur humain est tenu de rendre la loi manifeste ; il le fait au moyen du langage ou de l'écriture, dans les formes d'équité et de convenance, prévus par la loi.

S'agit-il d'indiquer le pouvoir qui doit faire cette promulgation, saint Thomas ne se sert même pas du mot de souveraineté ; dans un sentiment de délicatesse chrétienne, il évite même le mot qui indiquerait la sujétion ; il se sert du mot le plus mesuré qui soit possible, et dit que la promulgation est un des devoirs de celui qui *a soin* de la communauté. Avoir soin d'autrui, voilà la charge de l'autorité. Faites attention qu'il s'agit d'un auteur qui pèse ses paroles comme l'or, au trébuchet de la justice et de la charité ; il les cherche avec scrupule, s'arrêtant longtemps, s'il le faut, pour fuir l'ambiguïté. Vous comprendrez ainsi qu'elles étaient les idées de ce grand homme touchant le pouvoir ; vous saurez si l'esprit d'oppression ou d'anarchie a pu prévaloir dans la pensée d'un Pape qui rappelle cet oracle presque infaillible des écoles de théologie, et revêt ses doctrines de la sanction de la Chaire Apostolique.

L'obéissance au pouvoir civil.

XII. — Sur l'obéissance due au pouvoir civil, Léon XIII est très catégorique : « Que si ceux qui commandent, dit-il, tombent dans une domination injuste ; s'ils pèchent par importunité ou par orgueil ; s'ils pourvoient mal au bien du peuple, qu'ils sachent qu'ils devront rendre compte à Dieu un jour et cela avec d'autant plus de sévérité, qu'ils ont été revêtus d'une charge plus sainte et élevés à une dignité plus haute. Dans ces conditions, certainement l'honnête et volontaire respect des citoyens accompagnera la majesté de l'empire. Lorsque les citoyens auront fixé dans leur esprit, que ceux qui commandent ont reçu l'autorité de Dieu, ils comprendront que leurs offices sont justes et nécessaires, qu'il faut obéir à la parole des princes, leur rendre hommage et fidélité, avec une certaine similitude de la piété des enfants envers les parents. Mépriser la puissance légitime, en quelque personne qu'elle soit déposée, ce n'est pas plus permis que de résister à la volonté divine; ceux qui lui résistent se précipitent à une mort volontaire; c'est pourquoi, rejeter l'obéissance, et, par la force de la multitude, en venir à la sédition, c'est le crime de lèse-majesté, non seulement humain, mais divin ».

Ah ! cette fois, va dire l'adversaire, vous ne nierez plus la complicité du Saint-Siége avec la tyrannie. Le Pape prêche l'obéissance aux puissances civiles, il prononce l'anathème contre l'insurrection : vienne donc la tyrannie, le Pape sera son plus puissant auxiliaire ; car, par sa doctrine, il arrêtera le bras prêt à se lever, il étouffera l'indignation se réveillant dans les cœurs généreux ». Reproche de la plus haute gravité, qui nous invite à rechercher, si, dans la pensée du Pape, il n'y a pas de justes limites à l'obéissance.

Il ne manque pas d'hommes timides qui n'osent pas regarder en face d'aussi redoutables questions. Leur pusillanimité ne manque pas d'excuses. Il y a ici, des abîmes profonds, des périls qui font frémir. Un mot imprudent peut entraîner la perdition ; un coup mal porté peut déchaîner des tempêtes. Les précautions les plus honorables restent cependant sans résultat. Sans nous, malgré nous, contre nous, les plus terribles questions sont soulevées, agitées, tranchées d'une manière déplorable; et ce qui est pire, de la théorie passant à la pratique, elles emportent tout à l'encan des révolutions. Puisque les choses en sont à ce point, à quoi bon le silence ? Il faut dire la vérité tout entière. Puisqu'elle est la vérité, elle ne craint pas la lumière et peut braver toutes les attaques de l'erreur. Dieu n'a pas assis les sociétés sur des palliatifs, des restrictions et des peurs, qui ne peuvent favoriser que le mensonge.

Léon XIII rappelle donc le principe général enseigné de tout temps par l'Église, savoir : l'obligation d'obéir aux puissances légitimes. Léon XIII suppose un pouvoir légitime, commandant des choses justes, ayant des titres au respect et à l'obéissance ; le pontife déclare qu'il faut obéir à ce pouvoir, et ne pas s'armer contre lui, des armes de la sédition. Mais ce principe, vrai en général, ne comporte-t-il pas, dans l'application des réserves ?

En premier lieu : doit-on obéir à la puissance civile lorsqu'elle commande une chose mauvaise en soi ? Non, on ne le doit, ni on ne le peut, par la simple raison que, ce qui est mauvais en soi ne tombe sous la juste compétence d'aucun pouvoir. Dieu le défend aux princes comme aux particuliers. Si le prince désobéit à Dieu, le particulier n'est pas, pour si peu, dispensé d'obéir. Il vaut mieux obéir à Dieu qu'aux hommes.

En second lieu : Doit-on obéir à la puissance civile lorsqu'elle commande en des matières qui sortent du cercle de ses attributions ? Non, car, par rapport à ces matières, elle n'a aucun pouvoir, par cela seul qu'on suppose que ses attributions ne s'étendent pas jusque-là, on affirme que par rapport à ce point, ce n'est pas une véritable puissance ; elle est donc dépouillée de toute qualité pour le commandement.

Cette seconde réserve tombe sur certaines affaires temporelles et sur toutes les affaires d'ordre spirituel.

Dans l'ordre temporel, l'antiquité ne reconnaissait ni les droits de l'individu, ni les droits de la famille. La cité était tout ; le prince était tout dans la cité ; ce n'était pas un père, c'était un tyran. L'Évangile a restreint les attributions du pouvoir civil ; il en a retranché toute domination. L'individu dans son for privé, la famille sous son toit, différentes associations fondées sur le droit individuel, jouissent de leur autonomie et de leur liberté. L'État ne peut entreprendre sur leur droit. En accordant au pouvoir civil, la force et les attributions nécessaires, pour conserver l'ordre et l'unité du corps social, on ne lui accorde point d'absorber l'individu et la famille, jusqu'au point d'anéantir leur existence particulière, et de ne les laisser agir que comme parties intégrantes du corps social. En dehors de la sphère du pouvoir civil, il y a d'autres sphères où ce pouvoir ne doit point pénétrer ; les individus et les familles y vivent, sous leur responsabilité propre, sans se heurter contre la force colossale du gouvernement.

Dans l'ordre spirituel, le catholicisme a prononcé sa distinction, à certains égards, sa séparation de l'ordre temporel. César était souverain pontife ; le prince chrétien est, dans l'Église, un simple fidèle, et s'il a, en outre, un devoir de protection, il se tient à la porte de l'Église, et n'a garde d'y entrer, autrement sa protection ne serait plus qu'un joug orné de fleurs. La distinction des pouvoirs temporel et spirituel, l'indépendance de celui-ci par rapport à l'autre, la diversité des hiérarchies pour représenter les deux puissances : voilà un des gages de cette liberté, qui, sous des formes différentes, est l'apanage commun des peuples européens. Par sa nature, par son origine, par son objet, par s on but, le pouvoir spirituel devait être indépendant, d'une indépendance absolue. Ce principe avertit le pouvoir civil, de la limite de ses attributions. Il y a des objets qu'il ne peut atteindre ; et, il peut se trouver tel cas où le citoyen devra lui répondre : « Je ne t'obéirai pas ».

L'indépendance du pouvoir spirituel contribue d'ailleurs très efficacement à la liberté civile. Aujourd'hui la révolution nous ramène le césarisme. Pour ne pas permettre au pouvoir, d'absorber l'individu et la famille, elle introduit volontiers dans les constitutions, des contrepoids et des gages d'équilibre. Travail ingrat, où elle ne réussit jamais qu'à rendre le pouvoir impossible ou excessif; travail voué à une perpétuelle déconvenue, car elle veut envahir tout le domaine ecclésiastique. Avec un seul pouvoir sur les deux ordres, quel sens peut bien avoir le mot *liberté* ? Le meilleur garant de la liberté sociale est à l'Église. Partout ailleurs, l'État a tout pris ; s'il réussissait contre l'Église, la liberté serait gorgée sur les ruines du sanctuaire.

Le lecteur ne sera pas fâché de savoir comment le docteur favori de Léon XIII, saint Thomas, a entendu le devoir de l'obéissance civile. D'après saint Thomas, des lois injustes n'obligent point en conscience. Dans ce cas, si l'on obéit, ce n'est que pour éviter le scandale et épargner de plus grands maux ; l'observance d'une loi injuste peut même être obligatoire, non pas en vertu de la loi, mais par prudence. Voici ses paroles, sur lesquelles il est superflu d'appeler l'attention.

« Les lois sont injustes de deux manières : 1° parce qu'elles sont contraires au bien commun : ou à raison de leur *fin*, comme dans le cas où le gouvernement impose à ses sujets des lois onéreuses, non par des motifs de bien commun, mais par des motifs de cupidité propre ou d'ambition ; ou à raison de leur *auteur*, comme lorsque le gouvernement fait une loi en dehors de la faculté qui lui est accordée ; ou enfin à raison de leur *forme*, comme par exemple, lorsque les charges sont inégalement réparties entre la multitude, bien qu'ordonnées d'ailleurs pour le bien public. Les lois alors sont plutôt des violences que des lois, ainsi que le dit saint Augustin ! « La loi qui n'est pas juste ne paraît pas être une loi ». Par conséquent, ces lois n'obligent pas dans le for de la conscience, si ce n'est peut-être afin d'éviter le scandale et le trouble, motif pour lequel l'homme doit céder de son propre droit, d'après ce que dit saint Mathieu : « Si quelqu'un t'oblige à porter un fardeau l'espace de mille pas, porte-le encore avec lui deux mille ; et si quelqu'un veut plaider contre toi et t'ôter ta tunique, donne-lui ton manteau » ; 2° les lois sont encore injustes d'une autre manière, lorsqu'elles sont

contraires au bien divin, comme les lois des tyrans pour conduire à l'i-
dolâtrie ou à toute autre chose que repousse la loi divine : quant à ces
lois, il n'est permis en aucune façon de les observer, car, ainsi qu'il est
dit dans les actes des apôtres : « on doit obéir à Dieu plutôt qu'aux
hommes (1) ».

De ces doctrines, on peut déduire les règles suivantes :

1° Qu'on ne doit point obéir à la puissance civile, lorsqu'elle commande des choses contraires à la loi divine ;

2° Que les lois injustes n'obligent point au for de la conscience ;

3° Qu'on peut y déférer cependant par raison de prudence ;

4° Qu'une loi est injuste lorsque par sa fin, par sa forme ou par son
auteur, elle est contraire au bien commun.

Indépendamment de ce refus d'obéissance, peut-on, au regard de la
puissance civile, résister *activement*, c'est-à-dire recourir à l'insurrection ? Les casuistes distinguent le cas d'un envahisseur injuste et le cas
d'un prince légitime, mais qui viole les lois fondamentales du royaume
et attente gravement aux droits de ses sujets. Dans les deux cas, ils
croient la résistance permise ; pour des motifs faciles à comprendre,
Léon XIII n'a point parlé de ces cas extrêmes ; nous imiterons la discrétion du Pontife.

Le lecteur s'apercevra que, pour expliquer la doctrine du Pape, nous
avons multiplié les textes. L'histoire n'exige pas des discours, mais des
faits ; les faits, en matière de doctrine, ne sont autre chose que les
écrits mêmes des auteurs. D'ailleurs, dans l'enseignement de Léon XIII,
quelle simplicité et quelle grandeur ! Le pouvoir est de Dieu ; il doit être
selon Dieu ; Dieu est son juge, il est aussi son garant ; le mépriser, c'est
mépriser Dieu ; lui obéir, c'est obéir à Dieu.

Les devoirs de la société envers Dieu.

XIII. — Dieu a tout fait pour sa propre gloire. Tout ce qui a reçu, de
sa main, l'être, l'intelligence, la puissance et les divers agréments de la
vie, lui doit, en retour, l'adoration. L'être matériel lui rend hommage
par son nombre, son poids et l'harmonieuse mesure de ses mouvements ;
l'homme doit lui offrir, comme roi et comme pontife de la création, le
tribut des êtres inférieurs et les adorations de sa personne. La société
qui lui doit l'existence, le pouvoir, la faculté de faire des lois et la puis-

1. *Prima secundæ*, Quæst. 90. Art. 1.

sance du commandement, doit aussi le reconnaître, l'aimer et le servir. Les membres qui la composent doivent, à Dieu, leur tribut, non seulement comme particuliers, mais comme citoyens ; le pouvoir qui la régit, pouvoir qui règne par Dieu et par Dieu décerne la justice, doit rendre et faire rendre à Dieu, un culte social. La société a Dieu pour auteur, pour bienfaiteur et pour arbitre souverain ; il est juste et digne qu'elle proclame publiquement ce grand être et s'incline devant sa majesté.

Ces devoirs, qui font partie de la tradition du genre humain, sont également imposés par la logique. Léon XIII ne paraît avoir posé ces longues prémisses que pour aboutir à cette conclusion. La société, prise comme être collectif et hiérarchique, vivant sous un pouvoir, par les lois et pour les mœurs, doit rendre à Dieu un culte social d'adoration. Par là sont exclues toutes idées de naturalisme social, de rationalisme politique et de libéralisme. La société est une chose divine ; le gouvernement et les sujets ont des choses divines à accomplir. Dieu est tout pour la société ; ce qui s'éloigne de son culte ou en détourne, n'est rien qu'une erreur ou un attentat.

Ce culte que la société doit à Dieu, la société n'a point à l'établir selon les fantaisies de son choix. La société civile est tenue de pratiquer la vraie religion, de la favoriser, de la protéger, de la couvrir de l'autorité tutélaire des lois, et de ne rien statuer qui soit contraire à son intégrité. « De même, dit le Pontife, qu'il n'est permis à personne de négliger ses devoirs envers Dieu et que le plus grand de tous les devoirs est d'embrasser d'esprit et de cœur la religion, non pas celle que hacun préfère, mais celle que Dieu a prescrite et que des preuves certaines et indubitables établissent comme la seule vraie entre toutes ; ainsi les sociétés politiques ne peuvent *sans crime* se conduire comme si Dieu n'existait en aucune manière, ou se passer de religion comme *étrangère* et *inutile*, ou en admettre une *indifféremment*, selon leur bon plaisir. En honorant la divinité, elles doivent suivre exactement les règles et le mode suivant lesquels Dieu a déclaré vouloir être honoré ». En d'autres termes, la société est obligée de professer la religion catholique romaine ; c'est son devoir strict ; si elle s'y dérobe, c'est un crime.

La société n'éprouve d'ailleurs aucune difficulté à reconnaître la vraie religion. L'évidence des motifs de crédibilité ne laisse aucun doute ; c'est une évidence parfaite. Pour en saisir la force et en acquérir la conviction, deux dispositions suffisent à la probité : la prudence et la sincérité dans l'examen. « Quant à décider qu'elle est la religion vraie, continue Léon XIII, cela n'est pas difficile à quiconque voudra en juger avec prudence et sincérité. En effet, les preuves très nombreuses et éclatantés, la vérité des prophéties, la multitude des miracles, la prodigieuse célérité de la propagation de la foi, même parmi ses ennemis, et en dépit des plus grands obstacles, prouvent clairement que la seule vraie religion est celle que Jésus-Christ a instituée lui-même, et qu'il a donné mission à son Église de garder et de propager ».

Si donc, c'est un devoir pour les chefs d'État de reconnaître que le pouvoir leur vient par le canal de la communauté, afin de respecter les droits de l'État; n'est-ce pas, à plus forte raison un devoir pour eux de reconnaître que, quel que soit le titre de leur légitimité, ils tiennent leur autorité des dispositions de la Providence, afin de respecter avant tout les droits de Dieu, de Jésus-Christ et de son Église. C'est par une disposition spéciale de Dieu qu'ils sont ce qu'ils sont, qu'ils peuvent ce qu'ils peuvent. La hauteur de leur rang et l'éclat de leur puissance ne leur appartiennent pas en propre; ce sont une puissance et un rang d'emprunt; c'est une autorité que le roi des rois leur a déléguée; il peut, quand bon lui semble, la leur retirer, et la faire passer dans d'autres mains. Plus donc ils sont élevés, plus ils doivent s'humilier devant Dieu. La mesure de leur obéissance doit être proportionnelle à leur élévation. Tel est l'enseignement de Dieu, tel est le cri de toutes les grandes voix, tel est surtout l'enseignement de l'histoire. En présence de tant de débris de trônes abattus, d'épées brisées, de couronnes foulées aux pieds, quel prince voudrait donc ne pas craindre le roi immortel des siècles?

Le prince doit donc se considérer et agir comme ministre de Dieu; il doit se montrer tel par la sagesse de ses lois et la profondeur de son dévouement. La vraie religion reconnaît en Dieu trois principaux attributs : la puissance, la sagesse et la bonté. « Ministre de Dieu ou représentant de Dieu, c'est-à-dire Providence visible exerçant les fonctions de la Providence invisible, pour l'avantage de son peuple, tout pouvoir public, dit le Père Ventura, doit hautement exprimer dans ses actes ces mêmes attributs de Dieu et ne jamais les séparer. Car la puissance sans la sagesse c'est folie. Ainsi un prince voulant faire de la puissance sans la sagesse ne ferait que des lois insensées, à l'exemple de Nabuchodonosor, de Caligula et de Domitien. Mais la puissance et la sagesse, séparées de la bonté, ne sont que l'égoïsme politique ou le machiavélisme. Tout prince donc voulant faire valoir la puissance et la sagesse sans la bonté, ne ferait que des lois oppressives pour son peuple et toutes dans les intérêts de son ambition, de son avarice et de ses plaisirs; des lois comme en faisaient Jéroboam, Néron, Julien l'Apostat, Henri VIII et Élisabeth. Ce n'est qu'en faisant servir la puissance et la sagesse à la bonté, et en ne s'inspirant que de la bonté dans l'usage de la sagesse et de la puissance, qu'il fera des lois justes et utiles, à la manière dont les ont faites David, Josias, Théodose, Charlemagne, saint Louis (1) ».

Le pouvoir païen était dominateur; sa prépotence enfantait l'esclavage. Par l'organe de ses philosophes, de ses législateurs et de ses lettrés, le paganisme avait fait, du genre humain, une victime; il ne voyait en lui qu'une proie à dévorer. Sa courte sagesse se bornait à faire de la multitude vouée à l'immolation, l'instrument des délices du petit nombre. Jésus-Christ, par son exemple, par ses leçons, a changé l'orientation du pouvoir; à la domination il a substitué l'immolation. Le prince ne possède de grands droits que parce qu'il lui incombe de redoutables devoirs. Au lieu d'être une puissance privilégiée, il n'est plus qu'un être voué à tous les sacrifices. Son règne n'est qu'une resplendissante servitude. S'il ne vivait que pour lui-même, il ne serait plus le serviteur de Dieu. Bien plus, il ne serait plus que son propre serviteur, et comme Dieu s'en plaint par son prophète, il ferait servir Dieu lui-même à ses excès et à ses passions. (Isaïe, 43).

« Écoutez-moi donc, ô rois de la terre; prêtez des oreilles dociles, vous qui régissez des multitudes... Puisque c'est Dieu qui vous a donné l'autorité et que notre puissance ne vient que du Très-Haut, il interrogera un jour toutes vos œuvres et soumettra à l'examen le plus sévère, toutes vos pensées. Et s'il vous surprend, ministres infidèles de son royaume, ayant mal gouverné, ayant déserté les voies de la justice, ayant marché contre ses volontés, il vous apparaîtra, lorsque vous vous attendrez le moins, sous l'aspect le plus menaçant et le plus terrible. Malheur à ceux qui se trouvent placés à la tête des autres; le plus dur jugement leur est réservé (2) !

Les rapports de l'Église et de l'État.

XIV. — Les devoirs de la société envers Dieu engendrent les rapports nécessaires de l'Église et de l'État. L'origine divine et la dépendance continues de la société et du pouvoir les obligent à un culte public; la transformation des conditions d'existence de la société et du pouvoir, par Jésus-Christ, exigent que ce culte soit chrétien. L'Église, incarnation permanente de Jésus-Christ sur la terre, entretient donc, ou plutôt doit entretenir, avec la société civile, des rapports harmonieux, de la plus haute importance. C'est par ses rapports avec l'Église et avec les Pontifes Ro-

1. VENTURA, *Le Pouvoir politique chrétien*, p. 35.
2. *Sap.*, VI.

mains, que la société reste à sa place, que l'État se montre fidèle à sa mission, que les hommes remplissent pacifiquement les devoirs de leur destinée. Le Pape sur son trône et le roi sur le sien, dit quelque part Bossuet, et le monde connaît les jours, hélas! bien rares aujourd'hui, de solide et noble prospérité.

Avant d'établir les rapports entre les deux sociétés, l'Encylique *Immortale Dei* commence par célébrer l'Église; elle dit son origine, sa fin, son extension à tous les temps et à toutes les nations, sa constitution monarchique, son caractère de société surnaturelle et spirituelle, sa nature de société parfaite, sa consommation dans l'éternité. On peut la persécuter, non la détruire. Non seulement on ne triomphe pas, des consciences pieuses par la force, mais Dieu lui-même garantit, à la religion et à l'Église, l'immortalité. Le sophisme et la persécution pourront troubler la paix des États, ils ne détruiront pas l'Église de Jésus-Christ.

Les dissidents de la foi catholique, les partisans de la libre pensée vont peut-être nous interrompre : « Vous invoquez, disent-ils, des dogmes que nous n'admettons pas, une religion à laquelle nous voulons rester étrangers. Entre les principes de l'Église et les nôtres, il y a incompatibilité irréductible. » Nous répondons, l'Église catholique dont vous repoussez, sans examen, les titres et les croyances, doit être entendue; elle se réclame d'un spiritualisme qu'ont professé les plus illustres génies; elle est la dépositaire d'une révélation divine dont les preuves pendant dix-huit siècles, ont également subjugué les âmes simples et les plus fidèles esprits, vous ne pouvez l'écarter par une fin de non recevoir. Le christianisme, n'est pas d'ailleurs une de ces théories éphémères qu'enfante l'étroit cerveau du philosophe. Le christianisme, c'est la tradition universelle du genre humain. Le peuple d'Israël l'a gardée avec une miraculeuse fidélité; le peuple chrétien l'a reçue de ses mains, agrandie par Jésus-Christ. Ce Christ, incarnation personnelle du Verbe divin sur la terre, s'est fait reconnaître en accomplissant les plus minces détails des prophètes, en prêchant une doctrine pleine de grandeur, en menant une vie pleine de miracles, en mourant sur une croix. La prédication des Apôtres et les Évangiles en fournissent la preuve; l'histoire de l'Église la confirme. Notre orgueilleuse ignorance soulève, à l'encontre, une foule de difficultés; elle peut en lire la réponse dans l'Encyclique.

L'Encyclique déclare qu'entre la science et les révélations, il ne peut exister de contradiction réelle. La vraie science et l'interprétation vraie de la Bible ne sont jamais en discordance. Quand les savants et les exégètes luttent ensemble, les uns ou les autres s'égarent, quand ils ne s'égarent pas tous les deux. Entre les paroles et les actes de Dieu, nulle possibilité d'opposition. Dieu ne se trompe pas et ne peut pas être sérieusement objet de moquerie.

L'Encyclique déclare que l'Église ne combat pas les libertés publiques, mais seulement leurs excès, la licence ; elle déclare que l'Église applaudit à tous les progrès et ne redoute que l'ignorance. « Oui, en vérité, dit Léon XIII, tout ce qu'il peut y avoir de salutaire au bien général de l'État ; tout ce qui est utile à protéger le peuple contre la licence des princes qui ne pourvoient pas à son bien ; tout ce qui empêche des empiétements injustes de l'État sur la commune ou la famille ; tout ce qu'en tirent l'honneur, la personnalité humaine et la sauvegarde des droits égaux de chacun, tout cela, l'Église catholique en a toujours pris, soit l'initiative, soit le patronage, soit la protection, comme l'attestent les monuments des âges précédents. Toujours conséquente avec elle-même, si, d'une part, elle repousse une liberté immodérée, qui pour les individus et les peuples dégénère en licence ou en servitude, de l'autre, elle embrasse de grand cœur les progrès que chaque jour fait naître, quand vraiment ils contribuent à la propriété de cette vie, qui est comme un acheminement vers la vie future, durable à jamais.

« Ainsi donc, dire que l'Église voit de mauvais œil les formes plus modernes des systèmes politiques, et repousse en bloc les découvertes du génie contemporain, c'est une *calomnie vaine* et sans fondement. Sans doute, elle répudie les opinions malsaines, elle repousse les premiers penchants à la révolte, et tout particulièrement cette prédisposition des esprits où perce déjà la volonté de s'éloigner de Dieu. Mais, comme tout ce qui est vrai ne peut procéder que de Dieu, en tout ce que les recherches de l'esprit humain découvrent de vérité, l'Église reconnaît comme une trace de l'intelligence divine ; et comme il n'y a aucune vérité naturelle qui infirme la foi aux vérités divinement révélées, que beaucoup la confirment, que toute découverte de la vérité peut porter à connaître et à louer Dieu même, l'Église accueillera toujours volontiers et avec joie tout ce qui contribuera à élargir la sphère des sciences ; et ainsi qu'elle l'a fait pour les autres sciences, elle favorisera et encouragera celles qui ont pour objet l'étude de la nature. En ce genre d'études, l'Église ne s'oppose à aucune découverte de l'esprit ; elle voit sans déplaisir tant de recherches qui ont pour but l'agrément et le bien-être ; et même, ennemie, née de l'inertie et de la paresse, elle souhaite grandement que l'exercice et la culture fassent porter au génie de l'homme, des fruits abondants. Elle a des encouragements pour toute espèce d'arts et d'industries, et en dirigeant par son action toutes les recherches vers un but honnête et salutaire, elle s'applique à empêcher que l'intelligence et l'industrie de l'homme ne le détournent de Dieu et des biens célestes ».

L'Église lavée d'imbéciles reproches, le pape lui assigne, dans ses rapports avec l'État, deux conditions d'existence. D'abord la société civile doit laisser à l'Église la *plénitude* de sa divine indépendance. « En effet, Jésus-Christ a donné plein pouvoir à ses apôtres dans la sphère des choses sacrées, en y joignant tant la faculté de faire de véritables lois, que le double pouvoir qui en découle de juger et de punir. » Outre son enseignement surnaturel, visiblement réservé à l'apostolat et au magistère de l'Église, l'Église a le triple pouvoir de faire des lois, d'en juger et d'en punir les violateurs. Ces trois prérogatives appartiennent à l'institution divine ; elles sont de droit divin positif, placé au-dessus de tous les droits humains, quels qu'ils soient, au-dessus même des droits naturels constitutifs des sociétés, au moins en ce sens qu'ils les dominent par l'excellence de leur objet. Aussi sont-ils tout à fait indépendants de la puissance civile et dans leur existence et dans leur transmission et dans leur exercice.

Cette suprême indépendance, l'Église l'a toujours exercée, même dans les catacombes, même au milieu des plus cruelles persécutions. Dès que les passions, aveugles ou ennemies, veulent y toucher, elle revendique cette suprême indépendance. Au prix parfois des sacrifices les plus douloureux, elle sait la maintenir. A quiconque veut porter sur elle une main envahisseuse, elle dit : *Noli me tangere.*

La condition normale de son exercice est la possession d'un temporel. « Dieu, dit Mgr Parisis, a voulu que la religion fut posée en ce monde, parce qu'il l'y a mise, non pour des anges, mais pour des hommes, et quoique l'esprit soit fort au-dessus de la matière, il a plu au Créateur que la matière fût, ici-bas, une source de sensation et un instrument de mérite pour l'esprit. Si cette vérité n'était pas suffisamment mise au jour, je pourrais, pour ainsi dire en disséquer les preuves. Assurément rien n'est plus dans l'ordre spirituel que les sacrements de l'Église ; cependant ôtez la présence matérielle du ministre qui les confère, votre âme ne peut en recevoir les bienfaits ; et ce ministre lui-même, ôtez-lui l'eau par exemple, il ne peut plus régénérer les âmes par le sacrement de Baptême. Ôtez-lui le pain et le vin, et, quoique prêtre, il ne peut plus offrir le sacrifice tout divin de nos autels. Il est donc bien démontré qu'en agissant dans l'ordre *simplement* temporel et même dans l'ordre purement matériel, on peut entraver la religion dans ses plus saintes pratiques, conséquemment dans son action toute surnaturelle ; on pourrait même, de la sorte, l'attaquer dans son essence et dans sa vie (1). »

L'Église a donc un droit à la propriété ; elle le possède pour ses temples, pour le matériel du culte, pour la subsistance de ses ministres. De plus, pour son chef suprême, elle a droit à un pouvoir temporel. « Aussi, dit Léon XIII, n'est-ce pas sans une disposition particulière de la providence de Dieu, que cette autorité a été munie d'un principat civil, comme la meilleure sauvegarde de son indépendance. » Ce qu'énonce ici Léon XIII, Pie IX l'a déclaré solennellement plus de quarante fois. Les temps et les circonstances en ont d'ailleurs fourni des preuves si nombreuses et si éclatantes, qu'il est superflu de les rapporter ici.

Par cette indépendance divine, l'Église est placée au-dessus de l'État. Cependant si elle s'en distingue, elle ne s'en sépare pas. Grâce à la diversité de leur origine, de leur objet et de leur fin, l'Église et l'État ont chacun son domaine propre et sa particulière souveraineté. Cependant les mêmes hommes sont sujets de l'Église, pour leur fin spirituelle, et sujets de l'État pour leur fin temporelle. « Leur autorité s'exerçant sur les mêmes sujets, dit Léon XIII, il peut arriver qu'une seule et même chose, bien qu'à un titre différent, ressortisse à la juridiction et au jugement de l'une et de l'autre. » Des jugements contradictoires pourraient se produire à l'égal détriment des particuliers, de l'État et de l'Église. « Il était donc digne de la sage Providence, continue Léon XIII, de la Providence de Dieu qui les a établies toutes les deux, de leur tracer leurs voies et leurs rapports entre elles. » « Les puissances qui sont, ont été *ordonnées* de Dieu », dit saint Paul. S'il en était autrement, il naîtrait souvent des causes de funestes contentions et de conflits, et souvent l'homme devrait hésiter perplexe comme en face d'une double voie, ne sachant que faire par l'ordre contraire des deux puissances dont il ne peut en conscience secouer le joug. Il répugnerait souverainement de rendre responsable de ce désordre la sagesse et la bonté de Dieu, qui, dans le gouvernement du monde physique, pourtant d'un ordre bien inférieur, a si bien tempéré les unes par les autres les forces et les causes naturelles, et les a fait s'accorder d'une façon si admirable, qu'aucune d'elles ne gêne les autres, et que toutes, dans un parfait ensemble, conspirent au but suprême auquel tend l'univers. »

Sur cette induction, d'ailleurs confirmée par les divines Écritures, le pape établit deux formes possibles de rapports réguliers entre l'Église et l'État : l'une que nous appellerons, faute d'un autre mot, la thèse du pouvoir indirect ; l'autre, l'admission des Concordats.

____

1. *Du spirituel et du temporel dans l'Église*, p. 8.

A propos de la première forme, le pape affirme qu'il existe « entre les deux puissances, un système de rapports bien ordonnés, non sans analogie avec celui qui, dans l'homme, constitue l'union de l'âme et du corps ». Cette union amène, dans l'homme déchu, une lutte perpétuelle, entre les désirs de la chair et les nobles vœux de l'esprit ; il en est à peu près de même entre l'Église et l'État. Malgré cet antagonisme, le corps et l'âme restent unis et cherchent dans leur union intime, les éléments d'une parfaite concorde. L'un et l'autre s'entr'aident pour atteindre leurs fins respectives. En invoquant cette analogie, souvent citée par les Scolastiques, le pape veut y voir l'union des deux puissances, et insinuer, à raison de leur noblesse différente, une loi de subordination. « On ne peut se faire, dit-il, une juste idée de la nature et de la force de ces rapports, qu'en considérant la nature de chacune de ces deux puissances et en tenant compte de l'excellence et de la noblesse de leurs buts, puisque l'une a pour fin prochaine et spéciale, de s'occuper des intérêts terrestres, et l'autre de procurer les biens célestes et éternels. Ainsi tout ce qui, dans les choses humaines, est sacré à un titre quelconque, tout ce qui touche au salut des âmes et au culte de Dieu, soit par sa nature, soit par rapport à son but : tout cela est du ressort de l'autorité de l'Église. Quant aux autres choses qu'embrasse l'ordre civil et politique, il est juste qu'elles soient soumises à l'autorité civile, puisque Jésus-Christ a commandé de rendre à César ce qui est à César et à Dieu ce qui est à Dieu. »

Telle est la première solution ; la seconde est celle des Concordats. « Des temps arrivent parfois où prévaut un autre mode d'assurer la concorde et de garantir la paix et la liberté : c'est quand les chefs d'État et les Souverains-Pontifes se sont mis d'accord par un traité sur un point particulier. Dans ces circonstances, l'Église donne des preuves éclatantes de sa charité maternelle en poussant aussi loin que possible l'indulgence et la condescendance. »

Dans le premier cas, l'Église use de son droit de régler elle-même, seule, en vertu de sa souveraine puissance, tout ce qui concerne les objets spirituels par connexion avec la fin spirituelle, non par leur nature. Dans le second cas, l'Église règle de concert avec l'État, par un traité librement débattu, les concessions qu'elle croit pouvoir faire, pour le bien de la paix ; elle reçoit, en compensation de ses sacrifices, des promesses de protection spéciale, à quoi d'ailleurs le pouvoir civil est naturellement obligé : dans les deux cas, il s'établit un ordre d'harmonie et de paix, fondé sur le droit divin de la Sainte Église. Par là, l'État, uni à l'Église et reconnaissant la loi de Jésus-Christ, est également engagé et obligé à faire ce qu'exige de lui son institution.

Telle est dans son ensemble, d'après l'Encyclique *Immortale Dei*, la constitution chrétienne, ou plutôt divine, des États. Partout y apparaissent les jugements de Dieu ; ils portent, dans leur vérité, le rayonnement de la lumière et les garants de la justice.

La Constitution chrétienne des États

XV. — L'Encyclique *Immortale Dei* reproduit donc les doctrines déjà exposées par Pie VI, Pie VII, Grégoire XVI et Pie IX. Avant ces pontifes, ces doctrines avaient été déjà énoncées par une série non interrompue de Papes et de théologiens, tels que saint Thomas d'Aquin, Bellarmin, Suarez. Le pape, qui est très théologien, consacre et accrédite les doctrines communément reçues dans l'École. Ces enseignements peuvent se résumer ainsi :

Il existe deux sociétés distinctes, autonomes, indépendantes, souveraines, chacune dans leur sphère réciproque d'action. L'une surnaturelle et spirituelle, c'est l'Église ; l'autre humaine et terrestre, c'est l'État.

La société spirituelle, étant surnaturelle, ne peut être assujettie à la société terrestre ; étant indépendante, elle ne peut être considérée comme une association semblable à celles qui existent dans l'État ; étant parfaite, elle possède le triple pouvoir d'édicter des lois, de juger et de punir ceux qui les transgressent.

À sa tête, elle a un chef unique et souverain, le maître le plus grand et le plus sûr de la vérité, le Pape infaillible, celui qui a reçu les clefs du royaume des cieux, qui doit confirmer ses frères, contre qui ne prévaudront jamais les puissances des abîmes.

Un principat civil a été attribué à ce chef, comme la meilleure sauvegarde de son indépendance. Et même, depuis qu'on lui a ravi cette puissance temporelle, les chefs d'État, en lui envoyant des ambassadeurs et en recevant ses nonces, l'ont toujours reconnu comme une puissance souveraine et légitime.

La société civile et politique, dans son domaine, est aussi souveraine, aussi indépendante, que la société spirituelle dans le sien ; elle est aussi de Dieu comme le pouvoir qu'elle met à sa tête. Ce pouvoir ne vient ni d'un contrat purement imaginaire, ni de la volonté d'une multitude. Il résulte de ce fait primordial que les hommes ont été créés pour vivre en société, ce qui ne pourrait être, si une autorité ne les régissait. Dieu, auteur de la société, est nécessairement aussi du pouvoir.

Les chefs d'État ne sont pas de simples mandataires toujours responsables et toujours révocables au gré des caprices de la multitude ; ils jouissent d'un droit propre, qui remonte jusqu'à Dieu et que Dieu sanctionne.

Tout homme doit rester soumis, avec une constante fidélité, à la puissance publique et observer religieusement la constitution de l'État. La sédition est un crime de lèse-majesté divine et humaine. Il n'est pas plus permis de s'élever contre le pouvoir légitime, que de résister à la volonté de Dieu.

L'autorité doit être juste, d'un père plutôt que d'un maître, ne pas s'exercer sous aucun prétexte, d'une manière égoïste ou inique, à l'avantage d'un seul ou de quelques-uns. Si pourtant elle n'est pas telle, il faut opposer d'abord à ses égarements, les mérites de la patience et la force de la prière. Toutefois quand l'ordre est en opposition avec la loi naturelle ou la loi divine, il vaut mieux obéir à Dieu qu'aux hommes.

La société temporelle, quoique distincte de la société spirituelle, est tenue vis-à-vis de Dieu aux mêmes devoirs que ses membres ; elle a de plus ses devoirs propres d'être collectif. Une société sans religion est comme un corps sans âme : elle ne peut plus bien agir et se régler. Et il n'y a qu'une religion qui soit vraie ; c'est celle que Jésus-Christ a instituée lui-même, qu'il a donné mission à son Église de garder et de propager jusqu'à la fin des siècles ; ce qu'attestent avec tant d'éclat la vérité des prophéties, la multitude des miracles, la prodigieuse rapidité de sa propagation, le témoignage sanglant des martyrs.

L'État doit donc embrasser de cœur et d'esprit, cette religion de Jésus-Christ, il doit la pratiquer par un culte public, respecter ses biens, son droit d'enseigner et de posséder, les immunités de ses clercs, toutes les prérogatives sacrées dont l'a revêtue son fondateur ; la favoriser et ne pas la mettre sur le même pied que les religions fausses ; la protéger dans l'accomplissement de sa mission surnaturelle ; en faire respecter la sainte et inviolable observance ; ne rien statuer qui soit contraire à son intégrité et à son enseignement (1).

En résumé, la société, l'État, le gouvernement sont de Dieu et doivent vivre sous sa loi ; ils ont été rachetés, transformés par Jésus-Christ et doivent observer les lois de son Évangile ; ils coexistent avec l'Église de

1. ÉMILE OLIVIER. *Commentaire de l'Encyclique sur la constitution chrétienne des États,* p. 82.

Jésus-Christ, doivent respecter tous ses droits, vivre avec elle dans une parfaite concordance. En droit, ni la société ni le pouvoir civil ne peuvent se régler par le rationalisme philosophique, descendu à la sphère basse du naturalisme social et s'inspirer du libéralisme. De leur part, ce serait une abdication sacrilége des principes sacrés, une apostasie prononçant l'éviction de Jésus-Christ et de son Église.

Il suit de là qu'on ne saurait admettre parmi les droits des citoyens, ni parmi les choses dignes de faveur et de protection :

La liberté de penser, de croire et d'agir sans loi extérieure imposée par Dieu.

La liberté d'adorer ou de n'adorer pas Dieu.

La liberté de publier ses pensées et de rendre son culte selon ses goûts, sans subordination aucune à l'Église de Jésus-Christ.

Tout cela, c'est le droit nouveau qui veut supplanter le droit divin et chrétien ; c'est le droit libéral et révolutionnaire qui veut chasser Dieu, nier Jésus-Christ, détruire son Église et soumettre l'homme à la volonté de l'homme. Après avoir exposé l'ordre divin, nous devons exposer maintenant cet ordre humain, où Satan prend la place de Dieu.

Le droit nouveau.

XVI. — Celui qui a reçu du ciel mission d'enseigner la terre, va nous en esquisser la genèse et les articles fondamentaux. « Le pernicieux et déplorable goût de nouveautés qui vit naître le xvie siècle, dit Léon XIII, après avoir bouleversé la religion chrétienne, bientôt, par une pente naturelle, passa à la philosophie, et, de la philosophie, à tous les degrés de la société civile. C'est à cette source qu'il faut faire remonter les principes modernes de la liberté effrénée, rêvés et promulgués parmi les grandes perturbations du dernier siècle, comme les principes, les fondements d'un *droit nouveau*, inconnu jusqu'alors, et, sur plus d'un point, en désaccord, non seulement avec le droit chrétien, mais avec le droit naturel.

« Voici le premier de tous ces principes : Tous les hommes, parce qu'ils sont de même race et de même nature, sont semblables, et, par le fait, égaux entre eux dans la pratique de la vie. Chacun relève si bien de lui seul, qu'il n'est d'aucune façon soumis à l'autorité d'autrui ; il peut, en toute liberté et sur toutes choses, penser comme il veut, agir comme il lui plaît : personne n'a le droit de commander aux autres. Dans une société fondée sur ces principes, l'autorité publique n'est que la volonté du peuple, lequel, ne dépendant que de lui-même, est aussi seul à se commander. Il choisit ses mandataires, mais de telle sorte, qu'il leur délègue moins le droit que la fonction du pouvoir, pour l'exercer en son nom. La souveraineté de Dieu est passée sous silence, exactement comme si Dieu n'existait pas, ou ne s'occupait en rien de la société du genre humain ; ou bien, comme si les hommes, soit en particulier, soit en société, ne devaient rien à Dieu, ou qu'on pût imaginer une puissance quelconque, dont la cause, la force, l'autorité ne résidât pas toute entière en Dieu même. De cette sorte, on le voit, l'État n'est plus autre chose que la multitude maîtresse et se gouvernant elle-même, et dès lors que le peuple est censé la source de tout droit et de tout pouvoir, il s'en suit que l'État ne se croit lié envers Dieu par aucune obligation, ne professe officiellement aucune religion, n'est pas tenu de rechercher quelle est la seule vraie entre toutes, ni d'en préférer une aux autres, ni d'en favoriser une principalement ; mais qu'il doit leur attribuer à toutes l'égalité en droit, à cette fin seulement de les empêcher de troubler l'ordre public. Par conséquent, chacun sera libre d'embrasser la religion qu'il préfère, ou de n'en suivre aucune, si aucune ne lui agrée. De là découle nécessairement la liberté sans frein de toute conscience, la liberté absolue d'adorer ou de ne pas adorer Dieu, la liberté sans bornes et de penser et de publier ses pensées ».

Qu'est-ce donc que ce droit nouveau dont Léon XIII dénonce les faux principes et signale les funestes conséquences ?

La monarchie absolue a succédé en Europe à la monarchie féodale ; la monarchie féodale avait succédé à l'empire militaire de Charlemagne. Aujourd'hui, la monarchie absolue se transforme, les gouvernements tendent à devenir constitutionnels, représentatifs, voire républicains. Faut-il regarder comme droit ancien celui de l'ancien régime, et droit nouveau celui dont se réclament les gouvernements actuels ? Non. A coup sûr, si l'on ne regarde que la succession des temps, le droit d'aujourd'hui est plus nouveau que le droit vieilli d'autrefois ; mais si l'on regarde aux principes, au sens des idées, on ne peut plus admettre cet ordre relatif d'antiquité et de jeunesse. Une étude attentive des théories de la presse, des discours de la tribune et des actes de pouvoir, prouve qu'il y a autre chose ici qu'une succession de doctrines. « Le droit nouveau, dit un philosophe, n'est pas un développement du droit ancien, un progrès scientifique amené par le progrès social. Le droit nouveau est bien l'apparition d'un *dogme nouveau*, ou du moins, depuis longtemps oublié de nos pères : c'est le droit *Césarien* vaincu par le Christianisme et qui s'efforce de reconquérir son empire. Le droit an-

cien prenait sa source dans l'autorité même de Dieu ; le droit nouveau
le prend dans la volonté arbitraire et souvent défectueuse de l'homme.
Le premier suppose une loi éternelle et divine, une loi supérieure à
l'homme et qui s'impose à lui comme règle de sa volonté libre ; le second ne reconnaît aucune loi avant l'exercice de la volonté humaine.
C'est la volonté de l'homme qui est ou qui fait la loi, elle ne peut donc
lui être soumise. Le droit ancien correspond à la morale ancienne fondée
sur la loi divine et la suprême autorité de Dieu ; le droit nouveau correspond à la morale indépendante ou à la morale sans Dieu. Le droit
nouveau, la morale indépendante, l'école sans Dieu sont les trois applications d'un même principe (1) ».

Les conséquences opposées du droit ancien et du droit nouveau, sont
faciles à déduire. Dans le premier, la loi divine protège l'autorité du
chef et la liberté du citoyen. Le souverain est le ministre de Dieu ; il en
doit servir les desseins et prendre les sentiments. Son autorité, juste et
paternelle, est respectée comme celle de Dieu. L'obéissance du sujet s'a-
dresse d'abord à la loi divine ; la même loi qui commande, au citoyen
l'obéissance, impose au souverain la bienveillance et la justice. Souverains et sujets sont égaux devant Dieu ; tous sont tenus d'observer les
prescriptions de sa loi, chacun selon son rang et sa mission. C'est vraiment le gouvernement de Dieu.

Le droit nouveau supprime Dieu et sa loi ; il substitue, à cette double
autorité, la volonté des citoyens et l'omnipotence de l'État. Dès lors
toute obligation religieuse et morale disparaît. La société n'a plus d'appui que la force brutale ; le gouvernement est ballotté entre le despotisme le plus arbitraire et la plus tumultueuse anarchie. Nous n'avons
plus, ou du moins nous croyons ne plus avoir, — au-dessus de nous,
une Providence juste et sage ; nous avons affranchi politiquement la société de l'autorité paternelle de Dieu ; mais nous l'avons honteusement
courbée sous les caprices aveugles de la vile multitude, sous l'autorité
écrasante d'un despote, ou sous la tyrannie, plus odieuse encore, d'un
tribun.

Si vous appliquez ce même principe à la direction des consciences,
quel gachis, quel honte ! Du moment que la loi divine est écartée, il n'y
a plus de différence essentielle entre telle ou telle morale, telle ou telle
religion ; leur vérité et leur justice dépendent des dispositions individuelles de l'homme. Nous pouvons les envelopper toutes dans le linceul
du même mépris ou professer nominalement le culte de notre choix. En

1. Mgr. Hugonin, *Du droit ancien et du droit nouveau*, p. 2.

matière de religion et de morale, il n'y a plus ni règle fixe, ni orientation invariable. La boussole de la vie tourne au gré des girouettes. Ce
déshonorant et énervant scepticisme est ce que les partisans du droit
nouveau appellent la liberté de conscience. C'est l'anarchie érigée en
principes.

Le problème de la liberté.

XVII. — Dieu a créé toutes les institutions nécessaires à la destinée
du genre humain ; il les a établies et réglées pour les rendre conformes
à ses desseins sur l'homme ; et l'homme, pour vivre d'une façon régulière doit d'abord se soumettre à ces institutions : Par là est exclue toute
idée de sécularisation, toute pensée de naturalisme social. Ces institutions dureront, immuables dans leurs principes divins, autant que du-
rera l'humanité ; tout ce qui se fait contre elles, est nul de soi. La révolution libérale rejette ces institutions, elle nie Dieu et affirme l'homme ;
elle nie de Dieu, qu'il ait exercé son autorité sur ses créatures et qu'il
maintienne sur elles son empire ; elle affirme de l'homme qu'il est le maître du monde ; qu'il est libre de le constituer suivant ses idées, ses volontés, ses passions, ses caprices ; et qu'il n'a pas besoin de raison pour
légitimer ses actes. La liberté, ainsi entendue, c'est l'incarnation de Satan, comme l'Église est l'incarnation de Jésus-Christ. Le libéral se révolte comme les géants et les titans ; il veut faire le monde à sa mesure ;
à cela près qu'il se mette, comme Prométhée, le vautour au flanc et pro-
voque, par son crime, l'incendie qui doit dévorer la terre.

Le problème de la liberté résolu à contre-sens, est donc l'invention
sacrilège avec laquelle le mauvais génie du siècle se dérobe aux enseignements de la papauté.

Un premier regard jeté sur l'homme ne permet guère cette folie d'orgueil. Les docteurs et les maîtres de la foi enseignent, et c'est une vérité mise hors de doute par l'Église, que l'homme, n'ayant rien qu'il
n'ait reçu, n'a rien non plus dont il puisse s'enorgueillir ; à moins qu'il
ne se glorifie d'être l'auteur du mal, du péché et du désordre. Si l'homme
voit, c'est un autre qui lui ouvre les yeux ; s'il entend, c'est un autre
qui lui ouvre l'entendement ; s'il pratique la vertu, c'est un autre qui lui
inspire le désir de la pratiquer et qui la lui montre ; et celui qui l'inspire, c'est celui qui lui a donné la vertu, l'entendement et les yeux. Dieu
est l'auteur de tout bien. Le bien qu'il a mis en nous, il veut l'accroître ; le bien qu'il a mis hors de nous, il veut nous y faire participer. Pour

maintenir le monde dans ses voies, Dieu parle par ses prophètes, résiste par les martyrs, enseigne par les docteurs, édifie par les saints. Les Saintes Écritures offrent un témoignage éclatant de cette vérité : inaccessible aux orgueilleux, elles sont pleines de saveur pour les petits et leur inspirent d'abord un grand amour de l'humilité, c'est-à-dire de la soumission à Dieu.

Sur la condition de l'homme, les philosophes se sont partagés en deux écoles : matérialistes et spiritualistes. Pour les premiers, notre âme n'est qu'une portion de matière, laquelle, modifiée d'une certaine façon, produit au dedans de nous ce que nous appelons *pensée* et *vouloir* : l'homme n'est pas libre ; ce n'est qu'une petite machine dont les mouvements sont déterminés par la grande machine de l'univers. D'après les seconds, l'activité qui accompagne la pensée et la volonté, est spontanée et libre ; elle est incompatible avec l'inertie de la matière ; ce qui est divisible, ce qui se compose de plusieurs parties, par conséquent de plusieurs êtres, est inconciliable avec l'unité simple qui nécessairement forme le propre de l'être qui pense, qui veut, qui se rend compte de tout et possède le profond sentiment de sa personnalité. D'après ces raisons et pour beaucoup d'autres, les spiritualistes soutiennent que l'opinion matérialiste est fausse et absurde. L'Église intervenant a dit : « L'âme de l'homme n'est point corporelle, elle est esprit ; si vous voulez rester catholiques, vous ne pouvez être matérialistes ».

Avant la lumière de l'Évangile, les écoles philosophiques croupissaient dans une ignorance profonde au sujet de notre origine et de notre destinée. Nul philosophe n'avait su expliquer sérieusement les contradictions monstrueuses qui se remarquent dans l'homme ; nul ne signalait la cause de ce mélange informe de grandeur, de petitesse, de bonté, de méchanceté, de savoir, d'ignorance, de sublimité, de bassesse. Le sort de l'homme était, pour l'homme, un mystère. La Religion survint et dit : « l'homme est l'ouvrage de Dieu ; sa destinée est de s'unir, librement et pour toujours, à Dieu ; l'homme n'est plus tel qu'au sortir des mains du Créateur ; le genre humain subit les conséquences d'une grande chute ». Paroles sublimes, profondément mystérieuses ! Elles nous font voir dans l'homme une grande ruine, qui appelle une magnifique restauration.

Le catholicisme présente encore d'autres articles de foi. La religion catholique est une religion révélée, d'un ordre surnaturel, supérieure à tout ce que peut concevoir l'esprit humain ; son but est de nous conduire à une destinée que nous ne saurions atteindre par nos propres forces, que nous ne saurions même, ni imaginer, ni expliquer ; elle est fondée sur ce principe, que la nature déchue, corrompue, a besoin d'une réparation, d'une purification ; il est clair qu'elle doit contenir certains dogmes enseignant comment s'opère cette purification, indiquant les moyens dont Dieu a voulu se servir pour conduire l'homme au bonheur. Ces dogmes sont l'Incarnation du Verbe, la Rédemption par la croix, la grâce, le sacrifice et les sacrements. Leur profession et leur pratique règlent les rapports de l'homme avec Dieu et influent, d'une manière capitale, sur les rapports de l'homme avec l'homme.

Ici, nous touchons à un grand mystère, tout à la fois très clair et très obscur, mais si entouré d'écueils, que pour peu que le pied glisse, l'entendement est précipité dans un abîme profond. En effet, si, d'une part, l'exagération du libre arbitre devient la négation absolue de cette grâce mystérieuse, par laquelle Dieu nous sollicite et nous attire ; de l'autre, l'exagération de la grâce devient la négation de ce libre arbitre en vertu duquel l'homme meut sa volonté et détermine ses actes. L'une et l'autre de ces exagérations ont causé de grandes disputes et de lamentables hérésies.

Il nous semble que ceux qui, à force d'exagérer la grâce, nient le libre arbitre, et ceux qui à force d'étendre les limites du libre arbitre, nient la grâce, détruisent non seulement ce qu'ils nient, mais encore ce qu'ils affirment ; et telle est la force de cet argument, qu'une fois démontré, il faut nécessairement choisir entre l'affirmation simultanée et la négation simultanée du libre arbitre, et de la grâce.

En premier lieu, quand, affirmant la grâce, vous niez le libre arbitre, je dis que vous niez aussi la grâce virtuellement. Sans le libre arbitre, quel serait l'objet, la raison d'être de la grâce ? Si l'homme n'est ni responsable, ni libre, vous ne pouvez le soustraire, sans inconséquence, à la juridiction des lois inflexibles auxquelles la création physique est assujettie. Si l'homme n'est pas libre, il tombe aussitôt dans le cercle des causes permanentes et inévitables. Dès lors, la grâce ne peut plus être un mouvement actuel et variable de la volonté divine ; elle se confond avec les lois du monde physique et, dès lors, il n'y a plus de grâce.

En second lieu, quand, affirmant le libre arbitre, vous niez la grâce, je dis que vous niez virtuellement le libre arbitre. En effet, si vous niez la sollicitation divine qui agit sur la volonté humaine, vous devez supposer ou que la volonté humaine obéit à une sollicitation qui ne vient pas d'en haut ou qu'elle se meut sans sollicitation aucune.

Dans la première supposition, vous supprimez toute sollicitation au bien et vous affirmez l'existence d'autres sollicitations qui inclinent au mal ; d'où il suit que la sollicitation au mal existant seule, le libre arbitre n'a plus la faculté de choisir entre le mal et le bien ; et cette sollicitation au mal n'étant pas contrebalancée par la sollicitation au bien, la domination du mal sur le libre arbitre est nécessaire. L'homme n'est plus libre, puisqu'il est forcément vaincu.

Dans la seconde supposition, si vous ôtez toute sollicitation au bien et au mal, la détermination de la volonté est inconcevable et absurde. D'abord cette suppression ne pourrait avoir lieu sans l'anéantissement préalable du monde extérieur, des sens qui transmettent à l'âme ses sollicitations et de l'entendement qui les étudie. Et quand, après avoir anéanti le monde, nos sens et notre entendement, nous chercherions à mettre la main sur le libre arbitre, il nous échapperait comme une ombre insaisissable. Supposer la liberté sans une sollicitation qui la meuve c'est supposer un mouvement sans moteur, une action sans agent, une détermination sans motif, un effet sans cause.

Ceux qui seraient disposés à affirmer le libre arbitre, si la grâce ne leur paraissait un obstacle, et ceux qui affirmeraient la grâce, si le libre arbitre ne venait s'interposer entre leur affirmation et leur entendement, ne savent plus ce qu'ils disent : ils déclarent inconciliables deux forces indissolubles et appellent contradictoires deux termes qui se supposent (1).

Quant aux malheureux qui nient la grâce et le libre arbitre, Dieu et l'homme, nous n'avons pas à nous en occuper.

Toujours placé au milieu de sollicitations diverses, l'homme est toujours libre ; mais il peut l'être de diverses manières et à des degrés différents. Dans l'état de grâce originelle, l'homme était libre d'une liberté parfaite. Lorsque l'homme eut succombé à la tentation, il perdit, avec son innocence, la plénitude de la grâce. Aussitôt il sentit s'altérer profondément cette souveraineté qu'il avait jusqu'alors exercée sur lui-même et sur toutes les choses créées. Son esprit s'étant révolté contre Dieu, sa chair se souleva contre son esprit. Souveraine de son esprit, la chair fut esclave de la mort. La mort fut la maîtresse de l'homme ; et pendant sa courte existence, l'homme se vit en proie à toutes les misères, obligé à tous les combats.

Par un effet des dispositions divines, celui qui prétend vivre dégagé de toute loi, en a deux à subir, deux lois contraires ; et celui qui ne sait pas obéir à son Dieu, devient l'esclave de ses passions.

A ceux qui veulent affranchir les passions en repoussant Dieu, l'Encyclique *Libertas* va maintenant répondre.

---

1. Nous parlons ici de la grâce naturelle, de l'influx divin sur l'homme ; nous présentons la question au point de vue philosophique.

La liberté dans l'homme.

XVIII. — Choisir selon ses caprices, agir selon ses idées, ses fantaisies, ses intérêts ou ses passions, sans égard à aucune loi, ni à aucune autorité : telle est la liberté moderne. Est-ce ainsi qu'il faut entendre la liberté ?

Pour réduire cette question à tout l'éclat de l'évidence le pape commence par distinguer, dans l'homme, la liberté *physique* et la liberté *morale*. La liberté *physique* « n'est pas autre chose que la faculté de choisir entre les moyens qui conduisent à un but déterminé : auquel cas celui qui a la faculté de choisir une chose entre plusieurs autres, celui-là est maître de ses actes. » Cette faculté existe naturellement dans l'homme « parce que, nul des biens, dit l'Encyclique, ne paraissant nécessaire aux yeux de la raison, celle-ci laisse à la volonté le pouvoir d'option pour choisir ce qui lui plaît ». Cette faculté de choisir paraît, à plusieurs, tellement essentielle à la liberté, qu'ils l'érigent en droit antérieur et supérieur ; refuser à l'homme cette faculté inconditionnelle souveraine, du choix, c'est l'assassiner. Mais ceux-ci confondent la liberté *physique* avec la liberté *morale*. La liberté physique est le pouvoir de faire le bien et le mal ; la liberté morale est le *droit exclusif* de faire le bien, avec interdiction de tout mal, légitimement défendu par la loi. C'est sur cette confusion que repose le libéralisme.

On ne conteste pas à l'homme la liberté physique ; il s'agit de bien déterminer en quoi consiste la liberté morale.

Au jugement de Billuart, la meilleure définition de la liberté qu'ait donné saint Thomas, est celle-ci : « La liberté est la faculté de choisir entre plusieurs moyens qui conduisent *également* à la fin que l'homme *doit* atteindre ». Or, choisir est un acte qui indique une opération de la volonté. « Il faut dire, d'après saint Thomas, que le mot élection suppose un élément qui appartient à la *raison* ou à l'intelligence, et un élément qui appartient à la *volonté* ». Billuart ajoute : « Le libre arbitre procède de la raison *originairement*, parce que la raison est sa *racine* et sa *règle* ; mais il procède formellement de la *volonté*, parce que c'est la volonté seule qui choisit, et que le choix est l'acte du libre arbitre » [1]. Il n'y a pas en effet, de choix possible, sans délibération préalable. Or, délibérer est un acte de l'intelligence ; choisir ce que l'intelligence montre de meilleur, c'est un acte de volonté.

1. BILLUART, *De actibus humanis*, Dissert. I, art. 11, §4.

Il suit de là que la liberté n'est pas une faculté distincte de l'intelligence et de la volonté. La liberté, c'est l'acte harmonique de ces deux puissances ; l'une le prépare, l'autre l'accomplit. Distinguer, séparer la liberté de la volonté et de l'intelligence, pour en faire une puissance à part, c'est livrer l'être humain à l'aveuglement de ses instincts confus et à l'anarchie de ses passions. On ne doit donc pas confondre la liberté morale avec la faculté indéterminée et absolue de choisir, ce serait ne plus voir dans la liberté, qu'une faculté aisément dépravée et brutale. « L'erreur que je combats, dit Donoso Cortès, vient de ce que l'on fait consister dans la faculté de choisir (entre le bien et le mal) la liberté, qui n'est pas autre chose que la faculté de vouloir, laquelle suppose la faculté d'entendre. Tout être doué d'intelligence et de volonté est libre ; sa liberté n'est pas une faculté distincte de sa volonté ; elle est son intelligence même, sa volonté même, unies et ne faisant qu'un. Lorsqu'on affirme d'un être qu'il a l'intelligence et la volonté, et d'un autre qu'il est libre, on affirme, des deux, en termes différents, une même chose. Si la liberté consiste dans la faculté d'entendre et de vouloir, la liberté parfaite consistera dans la perfection de l'intelligence et de la volonté (1). »

Toute faculté a un objet spécifique, comme toute force a une destination. Une force qui n'a point de but à atteindre devient une perturbation ; une faculté qui se meut dans le vide, se dévore elle-même. Quel est donc l'objet connexe de l'intelligence et de la volonté ?

L'objet de l'intelligence, c'est le vrai ; l'objet de la volonté, c'est le bien. « Il faut dire avec saint Thomas, que le bien exprime ce vers quoi tend la volonté, comme le vrai signifie ce vers quoi tend l'intelligence (2) ». Le vrai, c'est ce qui est en tant qu'il peut être connu ; le bien, c'est ce qui est, en tant qu'il peut être aimé et possédé. L'intelligence ne peut pas se passer de la vérité. En effet, l'intelligence a besoin de voir, et on ne voit pas le rien : l'erreur est une négation que l'intelligence ne peut pas appréhender, et dans laquelle elle ne saurait goûter ni joie légitime, ni repos durable. Quand la vérité lui manque, elle appelle l'illusion ; elle met le rêve à la place de la réalité, et lui façonne une vérité imaginaire, mais sans fondement. Il y a, entre l'intelligence et la vérité, une équation parfaite ; les séparer, c'est plus qu'une absurdité, c'est un meurtre. La vérité est éternelle ; notre intelligence en dehors de la vérité, est comme l'oiseau sous la machine pneumatique ; elle s'asphyxie.

1. *Essais sur le catholicisme*, Liv. II, art. 1.
2. *Somme théologique*, I, Quæst. XLVIII, art. 1.

Il en va de même pour notre volonté. « Le mal n'est ni un être, ni une forme ni un bien, car l'être et le bien sont identiques ; le mal est à une égale distance de l'un et de l'autre (1) ». D'où il suit que la volonté adhère naturellement au bien, qui existe, et non pas au mal, qui n'est rien. Si la volonté, changeant d'objet, passe du bien au mal, elle se trompe, mais pour se tromper, elle a besoin de croire que le mal est bien. L'abus confirme la règle et prouve également l'inclination normale de la volonté.

Si nous considérons la finalité des choses, c'est pour aboutir à la même conclusion. La volonté et l'intelligence, dans leur état normal, obéissent au mouvement général de toutes les créatures ; elles cherchent leur fin. Or, la fin de l'intelligence, c'est le repos dans le vrai et non pas l'égarement dans l'erreur ; la fin de la volonté, c'est le repos dans le bien et non pas l'agitation du mal ; car le bien et le vrai, c'est ce que tous les êtres désirent, ce qui prouve que le vrai et le bien sont réellement la fin de tous les êtres. La fin de tous les êtres, c'est la perfection de leur nature. Le bien et le vrai sont précisément cette perfection dont nous portons en nous l'idéal et que nous cherchons à réaliser. La félicité est le résultat de la perfection obtenue, et quoique la félicité soit la fin secondaire des natures intelligentes, elles ne sauraient cependant s'en priver. Cette félicité ne se trouve que dans la vérité et dans la vertu.

Maintenant, si nous nous souvenons que la liberté n'est pas une faculté distincte de l'intelligence et de la volonté, nous tirerons, de cette doctrine, deux importantes conséquences : la première contre la liberté de l'erreur ; la seconde, contre la liberté du mal. « La liberté de l'erreur dit le P. At, n'existe pas (en droit), car cette liberté écarterait l'intelligence de sa fin naturelle, où elle trouve sa félicité et sa perfection ; tous ces biens sont, pour elle, dans la vérité. On ne peut pas, sans faire violence aux axiômes et sans torturer les mots, appeler la vérité un despotisme, de quelque ordre de vérité qu'on parle ; car la vérité est la gloire de l'intelligence. C'est l'erreur qui est un despotisme, car elle usurpe sur l'intelligence des droits qu'elle n'a pas ; elle la déshonore en l'opprimant. Quand l'Évangile a dit que la vérité *est libératrice* (Joan. VIII), elle a dit d'une façon sublime ce que nous essayons de faire comprendre à nos lecteurs.

« La liberté du mal n'existe pas (en droit) ; car cette liberté éloignerait la volonté de sa fin, de la perfection et de la félicité qui sont son bien. Comme la vérité est la maîtresse des esprits, la vertu est la reine

1. *Ibid.*

des âmes. Le mal une est honteuse tyrannie et la liberté morale consiste à repousser ses invasions ou à secouer son joug. Ici encore l'Évangile nous prête le secours de sa grande doctrine, lorsqu'il dit : « Celui qui commet le péché en devient l'esclave (*Joan.* XXXVIII) (1) ».

La notion de la liberté, telle que la donne Léon XIII, n'est pas un système d'école inconnu du genre humain ; tous les usages de la vie le supposent. L'intelligence et la liberté sont si inséparables, que l'aliéné perd tous les droits de l'homme libre : il est mort civilement. La volonté et la liberté sont si intimement unies, que tout ce qui porte atteinte à la volonté diminue d'autant la responsabilité. On tient compte, devant les tribunaux, de l'erreur, de l'ignorance, de l'intimidation, de la contrainte, de la dépravation même. Ces circonstances ne sauvent pas toujours le coupable, mais atténuent sa faute, son châtiment. Cette jurisprudence repose sur la connexion de la liberté et de la volonté. En transportant cette doctrine, de la vie publique à la vie privée, on aboutit à cette conclusion que la démence intellectuelle produite par l'esprit ou la dépravation de la volonté amenée par l'attrait du mal, loin d'être des conditions de la liberté, en sont la négation.

Quoique la liberté ne puisse légitimement s'éloigner de la fin de l'être intellectuel et moral, elle implique cependant la faculté de choisir. Où trouver cette faculté de choisir qui lui appartient ? Dans le choix des moyens qui conduisent également à la fin. Ici l'homme est supérieur à l'élément matériel, qui arrive à sa fin par l'attraction ; supérieur à l'animal qui y arrive par instinct. L'homme délibère avec lui-même ; il se décide, après délibération, par sa volonté, et opte pour le parti qui lui paraît plus convenable, sans autre motif que sa volonté souveraine. L'espace est large, l'homme s'y déploie à l'aise. Cependant au sein de ce vaste orbite, où il se meut, il y a une barrière qu'il ne peut pas franchir. L'homme doit vivre et s'épanouir sous l'empire de la lumière et de l'amour.

Léon XIII analyse longuement la liberté humaine ; il précise, avec détails et avec une grande logique de doctrine, ses conditions d'existence. Nommément il dit qui la possède, quel en est le principe, comment l'Église en a toujours défendu la notion juste et la nécessaire existence, quelle en est la nature intime, quels en sont les éléments, l'imperfection et le secours. L'homme seul ici-bas possède la liberté ; l'Église l'a toujours maintenue contre les hérétiques ; elle a toujours combattu ses ex-

---

1. Le P. At. *Le vrai et le faux en matière d'autorité et de liberté,* édition abrégée, p. 280.

cès et relevé ses écarts ; elle la maintient dans les austères limites du vrai, du juste et du bien. La liberté cependant peut défaillir. L'intelligence peut errer et prendre une apparence de bien pour un bien véritable : de cette imperfection découle un premier défaut de la liberté, qui peut, *par erreur*, se porter vers un objet qui n'est pas conforme à la saine raison. La volonté peut, d'autre part, entre les biens que lui présente l'intelligence, choisir celui qui s'écarte de la fin qu'elle est tenue d'atteindre : de là un second défaut de la liberté, qui peut, *par perversité*, se porter vers un objet qui ne soit pas conforme à la raison. Cette possibilité de faillir, de déroger à la volonté droite et à la droite raison, étant une imperfection manifeste, n'appartient aucunement à l'essence de la liberté. « S'attacher à un bien faux et trompeur, tout en étant l'indice de la liberté, comme la maladie l'est de la vie, constitue néanmoins un défaut de la liberté... C'était déjà la remarque pleine de justesse que saint Augustin et d'autres faisaient déjà contre les pélagiens ; si la possibilité de faillir était de l'essence et de la perfection de la liberté, dès lors, Dieu, Jésus-Christ, les anges, les bienheureux, chez qui ce pouvoir n'existe pas, ou ne seraient pas libres, ou du moins ne le seraient pas aussi parfaitement que l'homme dans son état d'épreuve et d'imperfection. A ce témoignage de saint Augustin, le Pape ajoute un texte de saint Thomas, expliquant comme quoi la faculté de pécher n'est pas la liberté, mais la servitude. Cette doctrine renverse tout un ensemble de notions libérales, dont le fond, dissimulé habilement, consiste à dire que la perfection de la liberté consiste à pouvoir faire bien ou mal à son gré.

« La condition de la liberté étant telle, continue Léon XIII, il lui fallait une protection, il lui fallait des aides et des secours capables de diriger tous ses mouvements vers le bien et de les détourner du mal ; sans cela la liberté eût été, pour l'homme, une chose nuisible. » Le pape en indique deux : la loi et la grâce. La grâce illumine, soutient, fortifie, embrase l'âme dans la poursuite du vrai et du bien. La loi prévient ces erreurs, en déterminant le bien conforme à la raison, et prévient ses défaillances en ordonnant ce bien sous la sanction d'une peine ou d'une récompense. La loi et la grâce augmentent diversement la liberté : l'une à l'intérieur ; l'autre au dehors. Loin qu'elles lui soient opposées ou nuisibles, elles forment au contraire son appui et sa garantie. Le vieux préjugé libéral qui oppose la liberté à l'autorité, l'homme à Dieu, n'est qu'un paralogisme dépourvu de bon sens. L'autorité est la gardienne de la liberté ; la grâce de Dieu, c'est la grandeur de l'homme.

Le pape répond à ce double préjugé. « L'homme, dit-on, étant libre, doit être exempt de toute loi. » S'il en était ainsi, répond Léon XIII, il s'ensuivrait qu'il est nécessaire pour la liberté de ne pas s'accorder avec la raison, quand c'est tout le contraire qui est vrai, à savoir que l'homme doit être soumis à la loi, précisément parce qu'il en est libre par nature. » Quant à l'autre préjugé, « ce serait s'écarter tout à fait de la vérité, de s'imaginer que, par cette intervention de Dieu, les mouvements de la volonté perdent leur liberté : car l'influence de la grâce divine atteint l'intime de l'homme et s'harmonise avec sa propension naturelle, puisqu'elle a sa source en celui qui est l'auteur de notre âme et de notre volonté, et qui meut tous les êtres d'une manière conforme à leur nature. On peut même dire que la grâce divine, comme le remarque le docteur Angélique, par là-même qu'elle émane de l'auteur de la nature, est merveilleusement et naturellement apte à conserver toutes les natures individuelles, et à garder à chacune son caractère, son action, son énergie. »

Tel est l'enseignement du pape sur la liberté de l'homme. Après avoir indiqué l'ensemble des institutions divines au milieu desquelles doit vivre l'homme, il montre que l'homme doit entrer et se mouvoir librement au milieu de ces institutions, en gardant la loi de société, en respectant le pouvoir, en obéissant à la loi, en suivant la grâce de Dieu. La liberté physique est, il est vrai, la faculté d'agir bien ou mal ; mais la liberté morale est le droit et le devoir exclusifs de diriger ses actes vers le bien conforme à la raison. Cette liberté est sujette à défaillir ; on la sauvegarde en lui donnant des gardes-fous. Dieu et les hommes l'ont réglée ; c'est son devoir, son épreuve et son honneur de déférer à leurs inspirations et à leurs commandements. Les actes du pouvoir humain et de l'autorité divine pour maintenir, par des lois et par des peines, la liberté dans de justes limites : ce n'est pas une entreprise *contre*, mais *pour* l'expansion régulière de la liberté. La prétention contraire est également fausse et funeste ; c'est vouloir le mal de l'homme que de l'abandonner à lui-même ; et le livrer à ses mauvais penchants, c'est faire d'un être social par nature, un être anti-social par ses passions. C'est la pensée de Bossuet.

La liberté dans les sociétés.

XIX. — « Nul gouvernement, nulle police, nul ordre ne serait possible, dit Lamennais, si les hommes n'étaient unis antérieurement par les liens qui les constituent déjà en société, c'est-à-dire par des croyances communes, conçues sous la notion du devoir ; et cette société, toute spirituelle est au fond la seule vraie, puisque nulle autre ne peut sans elle s'établir ni subsister. Les lois humaines règlent uniquement les rapports extérieurs ; là s'arrête leur action, elles ne sauraient atteindre la pensée ni la volonté, qui demeurent, sous leur empire, dans une indépendance absolue. Or, quiconque a le droit de penser ce qu'il veut, a le droit d'agir comme il veut, et, dès lors, tout principe d'obligation morale est détruit (1). »

L'histoire confirme cette vérité. Jamais il n'exista de société que la loi divine ne lui servît de base. Les libéraux affirment, en théorie, une société où la croyance est de rien. Qu'ils nous disent en quel temps, en quel lieu, à quelle époque s'est produit cet étrange phénomène. Si haut que nous remontions dans l'antiquité, si loin que nous portions nos regards, nous trouvons une loi morale et la notion de la divinité. « Dans tous les temps, dit encore Lamennais, on a senti que la religion était l'unique fondement des devoirs, comme les devoirs sont l'unique fondement de la société... Les législateurs de l'antiquité ne s'y méprirent point ; au lieu de raisonner follement contre la religion, ils s'en servirent pour consolider l'édifice social ; ils la placèrent partout, dans la famille, près des foyers domestiques, et dans l'État, comme partie de la constitution et du gouvernement (2). »

La raison profonde de ces dispositions, c'est que la société et le pouvoir sont de Dieu ; et que l'homme, en tant qu'homme, à proprement parler, n'a pas le pouvoir de faire des lois pour l'homme, ou, s'il en dresse sauf par la force, il n'a pas de moyen pour les imposer. Dans l'ordre physique, il combine les lois de la nature et les emploie à son profit. Dans l'ordre moral et religieux, c'est un domaine que s'est réservé Dieu. Dans l'ordre civil et politique, il s'arroge les pouvoirs de législateur, ce ne peut être que comme ministre de Dieu et pour rapporter à Dieu cette société qui est son ouvrage. Par l'invocation de Dieu vous faites courber toutes les têtes. « Au contraire, dit l'abbé Duverger, chassez Dieu de l'ordre civil et politique : du même coup vous détruisez la loi, l'autorité, la famille, la société ; vous marchez au paganisme et à l'esclavage ; vous marchez par des routes multiples ; car les directions données deviennent innombrables, quand on a perdu la voie sûre, et qu'on ne sait plus où l'on va. Depuis que l'athéisme est entré dans notre législation, n'est-il pas vrai que l'instabilité, signe avant-coureur de la mort des nations, est le caractère distinctif de l'état social en France ?

1. *Des progrès de la révolution*, p. 1.
2. *Essai sur l'indifférence*, t. I, p. 69.

N'est-il pas vrai qu'à partir de cette époque, nous avons eu trois monarchies, deux empires, trois républiques et quatorze constitutions différentes, sans pouvoir nous asseoir définitivement et respirer enfin ?
N'est-il pas vrai que tous ces régimes, qui n'ont de commun, ni l'origine, ni la forme, ni les tendances, et qui tous nous promettaient le
repos dans la liberté, ne se ressemblent que par les maux qu'ils ont fait
fondre sur notre pays, et qu'on peut se demander aujourd'hui avec
tristesse, ce que sont devenus l'unité de la nation, sa puissance, le rang
qu'elle occupait parmi les nations de l'Europe ? N'est-il pas vrai enfin
que de ces changements perpétuels, de tous ces essais de bâtir des
villes en l'air, nous n'avons recueilli que la division, la faiblesse, l'a-
baissement et l'humiliation (1) ? »

La société dépend de Dieu à double titre : parce qu'elle a les mêmes
devoirs que les individus qui la composent ; et parce que, étant une personne morale, elle doit pratiquer les mêmes devoirs que les individus.
C'est la base d'argumentation de Léon XIII.

On peut donc considérer la liberté sociale sous deux aspects : 1° En
tant qu'elle comprend la liberté individuelle de chacun de ses membres :
en ce sens, la liberté existe dans un état, quand, tous, chefs et sujets,
peuvent sans obstacle tendre vers le bien assorti à la raison ; quand les
forces sociales ne détournent personne de l'accomplissement du devoir,
qu'elles conspirent au contraire à porter les hommes vers le bien ; que
les sujets trouvent dans l'autorité la direction droite, ferme, vigoureuse
au besoin, qui les préservera de mal faire ; quand les chefs peuvent
s'appuyer sur le bon esprit de la multitude qui leur obéit, pour procurer le bien dont ils ont la charge ; 2° En tant qu'elle réside dans l'unité
du corps social : en ce sens, l'État, personne morale, est libre quand
il peut tendre sans obstacle vers les fins que lui assigne la raison ; il
est libre alors, comme les individus, d'une liberté qui découle de sa
nature d'être social et intelligent, mais qui est entachée des mêmes im-
perfections, et réclame, pour sa perfection, les mêmes secours que les
individus, la grâce de Dieu et l'appui des lois.

Pour fonder cette double liberté, le Pape appuie beaucoup sur le
principe de la loi : *Sub lege libertas*. Toute loi est un moyen par lequel
un être est dirigé vers sa fin. Ce mot *loi* vient du latin *lex* ou du verbe
ligare, parce que la loi est un lien qui attache un être à sa destinée. De
son observation dépend l'ordre ; de sa violation naît le désordre. Mais
toutes les créatures n'ont pas la même destinée. On peut partager les

1. *Le Cléricalisme*, par M. Duverger, curé de Saint-Nicolas, p. 162.

êtres en deux classes : les êtres physiques, dépourvus de mouvement, d'intelligence, d'activité, obéissant à des lois *nécessitantes ;* les êtres spirituels, doués d'intelligence, de volonté, de liberté, obéissant à des lois *morales,* obligatoires, mais pas nécessitantes. Les êtres matériel accomplissent nécessairement la volonté de Dieu ; les êtres spirituels l'accomplissent librement, mais sont obligés par Dieu, par la raison et par la conscience, de l'accomplir. Il y a donc une loi morale obligatoire pour diriger l'homme dans la vie. « Dans tous les âges et chez tous les peuples, dit Lamennais, on a reconnu une *loi céleste*, une *loi divine*, fondement de toutes les autres lois, *qui établit la distinction du juste et de l'injuste ; Loi véritable et souveraine, à laquelle il appartient d'ordonner et de défendre, et qui est la droite raison du Dieu suprême*, comme parle l'antiquité. On l'appelait la *loi royale* ou la loi par excellence, la *loi commune*, la *loi du ciel*, la *vérité reine des mortels et des immortels*. Perpétuellement la même, elle oblige le genre humain tout entier, dont elle est le bien ; sans elle, nul devoir, nulle justice, nul ordre... Cette doctrine inaltérable, contre laquelle ne peuvent rien le temps, ni l'opinion, constitue la foi même et la conscience du genre humain (1) ».

De la loi divine découla la loi naturelle. Cette loi, dit Léon XIII, « est écrite et gravée dans le cœur de chaque homme, car elle est la raison même de l'homme lui ordonnant de bien faire et lui interdisant de pécher. Or, cette prescription de la raison humaine ne saurait avoir force de loi, si elle n'était l'organe et l'interprète d'une raison plus haute ; à laquelle notre esprit et notre liberté doivent obéissance. Il suit donc de là que la *loi naturelle* n'est autre chose que la *loi éternelle* gravée chez les êtres doués de raison et les inclinant vers l'acte et la fin qui leur conviennent ; et celle-ci n'est elle-même que la raison éternelle de Dieu, créateur et modérateur du monde ».

De cette loi divine, qui doit diriger l'homme dans toutes les conditions de la vie, dérivent et dépendent donc nécessairement toutes les lois civiles et politiques des peuples, les institutions, les conventions, les ordonnances que les hommes formulent. Ces lois que nous appelons *humaines*, doivent être des conséquences naturelles de cette loi première et fondamentale ; autrement elles ne seraient point des lois, parce qu'elles n'exprimeraient pas les vrais rapports des hommes entre eux. Ces lois ne seraient que des règlements caducs ; tout ce qui se fait contre la loi éternelle, est *nul de soi*, dit Bossuet.

Être libre, c'est dépendre de Dieu. La société est tenue d'aider, par ses

1. *Des progrès de la révolution*, p. 28. Les mots soulignés sont empruntés à Cicéron, à Platon, à Aristote, à Suidas et aux Livres sacrés de la Chine.

lois, les citoyens à l'observance de la loi divine ; et cette loi, elle doit elle-même et pour elle-même, l'observer.

De là, pour la société, dans la préparation des lois, un double office. La société doit d'abord fortifier, par ses lois, les prescriptions de la loi divine. « De tels commandements dit le Pape, ne tirent aucunement leur origine de la société des hommes ; car, de même que ce n'est pas la société qui a créé la nature humaine, ce n'est pas elle qui fait que le bien soit en harmonie et le mal en désaccord avec cette nature. Dans ce genre de lois, l'office du législateur civil se borne à obtenir par une discipline commune, l'obéissance des citoyens, en punissant les méchants et les vicieux, dans le but de les détourner du mal, ou du moins de les empêcher de blesser la société et de lui être nuisible ». Ce que Léon XIII dit ici de la loi civile, par rapport à la loi naturelle, est divin, fait observer un commentateur, et doit s'appliquer de tous points à ses rapports avec la loi divine *positive* et avec la loi *ecclésiastique : le législateur civil ne crée pas le droit* divin positif et le droit ecclésiastique ; mais il peut y apporter la sanction civile pour en procurer l'observation (1).

La loi civile doit ensuite fonder ses prescriptions sur la loi de Dieu. « Ces prescriptions ne procèdent pas immédiatement et de plain-pied du droit naturel ; elles en sont les conséquences plus éloignées et indirectes, et ont pour but de préciser les points divers sur lesquels la nature ne s'était prononcée que d'une manière vague et générale. Par où l'on voit que c'est absolument dans la loi éternelle de Dieu qu'il faut chercher la règle de la loi de la liberté, non seulement pour les individus, mais aussi pour les sociétés humaines. » C'est la parole même de Léon XIII ; elle est aux antipodes du libéralisme, qui rêve une société détachée de Dieu.

« La loi, dit saint Thomas, dont le génie a éclairé ces questions d'une lumière immortelle, la loi est la mesure des actes, d'après laquelle l'homme est conduit à agir, ou est détourné d'agir. Cette règle et cette mesure des actes humains n'est autre chose que la raison, qui est le premier principe des actes humains ; c'est, en effet, la raison qui se dispose tout en vue de la fin, et, dans les choses pratiques a le caractère de premier principe. Or, dans ce genre, ce qui est *principe*, devient la *règle* et la *mesure* du genre ; d'où il suit que la loi est, de sa nature essentiellement rationnelle. » (Quest. 90). Donc, avant tout, la loi est la raison. La raison est en nous une certaine impression de la raison divine ; la loi doit fortifier et développer les maximes de cette raison, les amener à une bonne

____

1. Perriot, l'*Encyclique Libertas*, p. 27.

pratique. La loi, ce doit être le bon sens, je veux dire, avec Bossuet, le sens de Dieu dans les choses de ce monde.

Parce que la raison divine est le fondement de tout, la loi est la base nécessaire de toute société, qui ne se conçoit pas sans elle et qui s'écroule, si ce point d'appui vient à lui manquer. La loi n'est pas la fin de la société, elle en est le moyen d'action universel. La loi donne à la société toute la perfection dont elle est susceptible ; elle lui assure également la félicité relative qu'elle peut goûter.

Léon XIII déduit, de ces prémisses, la notion de la liberté sociale. « Dans une société d'hommes, la liberté digne de ce nom, *ne consiste pas à faire tout ce qui nous plaît* ; ce serait dans l'État, une confusion extrême, un trouble qui aboutirait à l'oppression. La liberté *consiste en ce que, par le secours des lois civiles, nous puissions plus aisément vivre selon les prescriptions de la loi éternelle.* »

A côté de Léon XIII, qu'on entende Montesquieu : « La liberté politique, dit-il, ne consiste pas à faire ce que l'on veut. Dans un État, c'est-à-dire dans une société, où il y a des lois, la liberté ne peut consister qu'à pouvoir faire ce que l'on doit vouloir et à ne pas être contraint de faire ce que l'on ne doit pas vouloir. Il faut se mettre dans l'esprit ce que c'est que l'indépendance et ce que c'est que la liberté. La liberté est le droit de faire ce que les lois permettent. Et si un citoyen pouvait faire ce qu'elles défendent, il n'y aurait plus de liberté, parce que les autres auraient tous de même ce pouvoir (1) ». Montesquieu perd de vue la loi éternelle, mais il tient au principe.

La loi est pour la société ce que la raison est pour l'individu. Comme la liberté individuelle ne consiste pas à s'affranchir des règles de la raison, ainsi la liberté politique ne consiste pas dans la faculté de violer les lois ; c'est plutôt le respect des lois qui est la vraie liberté. La liberté politique consiste à pouvoir agir conformément à une loi juste et à ne pouvoir pas agir contrairement. Cette impuissance à mal faire paraît une tyrannie ; ce n'est qu'une apparence. Qui fait le péché est esclave du péché. Le péché social, qui consiste dans la violation de justes lois, conduit à l'asservissement universel. Tous les citoyens peuvent faire ce que chacun se permet impunément. La loi perd son prestige. La confusion succède à l'ordre, la force prime le droit. Les méchants deviennent vite les maîtres de la situation ; les honnêtes gens sont à la merci d'une minorité audacieuse. A la lumière de l'histoire, on voit aisément l'alliance intime de la

---

1. *Esprit des lois,* Liv. XI, Ch. 3.

loi et de la liberté. L'oppression de tous par tous est l'exacte définition de certains régimes politiques.

La cause de nos erreurs à ce sujet consiste à prendre l'homme tel qu'il devrait être et non pas tel qu'il est. On déraisonne sur l'homme abstrait de Rousseau. Cet homme est un individu isolé, qui trouve dans la sauvagerie, une parfaite indépendance. Cet individu, s'il pouvait vivre solitaire, ne serait soumis qu'à Dieu. Or, cet individu n'existe pas. L'homme est un être associé ; il est donc limité dans son droit par le droit du voisin. Donc il fait à la loi le sacrifice d'une partie de sa liberté naturelle, dans l'intérêt même de cette liberté. La liberté, c'est l'abdication de la liberté, pour conserver la liberté.

La liberté consiste dans la faculté d'affirmer le vrai et de pratiquer le bien ; elle consiste dans l'impuissance d'affirmer l'erreur et de faire le mal. La loi est tyrannique quand elle combat le vrai et le bien ; elle est tyrannique, quand elle autorise l'erreur et le mal. Dans la langue du jour cependant, on appelle constitutions libérales celles qui donnent des droits égaux à la vérité et à l'erreur. Quand la vérité et l'erreur viennent à des transactions, c'est toujours la vérité qui paie les frais du concordat ; elle cède de son droit qui était absolu et qui cesse de l'être ; l'erreur ne cède pas le sien, puisqu'elle n'en a pas ; mais elle en aura le lendemain, par le fait de la transaction. La vérité est donc opprimée, alors même qu'elle peut user largement du droit restreint qu'on lui laisse. La vérité demeure éternellement ; elle ne peut pas se prêter à des transactions qui ne sont que des abdications.

Donc, qu'il s'agisse de la société ou de l'individu il n'y a pas de liberté contre la fin des êtres raisonnables ; la liberté n'est que dans le choix des moyens qui conduisent à cette fin : de là, la liberté de la société, de se constituer selon la loi divine ; et la liberté des citoyens pour se mouvoir parfaitement dans cette divine constitution.

C'est parce que l'Église est en possession de la vérité divine qu'elle a pu travailler heureusement, dans tous les siècles, à la fondation de la vraie liberté ; c'est parce qu'elle fit prévaloir dans le monde, les instructions de son divin auteur et la sainteté de ses lois, qu'elle put, « en rapprochant les hommes de Dieu, les mettre en possession d'une liberté parfaite. C'est ainsi qu'a toujours éclaté la merveilleuse puissance de l'Église pour la protection et le maintien de la liberté civile et politique des peuples. Ses bienfaits en ce genre n'ont pas besoin d'être énumérés. Il suffit de rappeler l'esclavage, cette vieille honte des nations païennes, que ses efforts surtout et son heureuse intervention ont fait disparaître. L'équilibre des droits, comme la vraie fraternité entre les hommes, c'est

Jésus-Christ qui l'a proclamé le premier ; à sa voix a répondu celle de ses apôtres, déclarant qu'il n'y a plus ni Juif, ni Grec, ni barbare, ni Scythe, même que tous sont frères dans le Christ ». En purifiant et en adoucissant les mœurs, en formant la conscience publique ; en faisant triompher les lois de la justice, en prêchant la charité, en faisant disparaître graduellement la tyrannie de ceux qui commandent et l'insubordination de ceux qui obéissent ; en un mot, en assurant la domination de la vérité, l'Église seule a rendu possible et a procuré en fait la liberté civile et politique des nations. C'est à son école qu'il faut réapprendre cette liberté ; c'est avec son concours qu'il faut l'établir.

La liberté du mal.

XX. — En quelques mots simples, évidents, profonds, Léon XIII nous donne la vraie notion de la vraie liberté. « La vraie liberté, cet élément de perfection pour l'homme, dit l'Encyclique *Immortale Dei*, doit s'appliquer à ce qui est vrai et bon : *Libertas, ut qua virtus est hominem perficiens, debet in eo quod verum sit, quodque bonum, versari.* » Le vrai, le bien, voilà le champ où doit s'épanouir la liberté ; à ce prix, elle forme la perfection de l'homme. Le faux, le mal, ne sont pas des éléments vitaux ; ils sont diamétralement le contraire. C'est pourquoi, « l'Église ne peut approuver une liberté qui engendre le dégoût des plus saintes lois de Dieu et secoue l'obéissance qui est due à l'autorité légitime. C'est plutôt une licence qu'une liberté, et saint Augustin l'appelle très justement *une liberté de perdition* (Epist. CV *ad Donatistas*) ; et l'apôtre saint Pierre, *un voile de méchanceté* (Petr. II, 16). Bien plus, cette prétendue liberté, étant opposée à la raison, est *une véritable servitude.* Celle-là, au contraire, est la liberté vraie et désirable qui, dans l'ordre individuel, ne laisse l'homme esclave, ni des erreurs, ni des passions, qui sont ses pires tyrans, et, dans l'ordre public, trace de sages règles aux citoyens, facilite largement l'accroissement du bien-être et préserve de l'arbitraire d'autrui la chose publique. Cette liberté, honnête et digne de l'homme, l'Église l'approuve au plus haut point, et, pour en garantir aux peuples la ferme et intégrale jouissance, elle n'a jamais cessé de combattre.

« Oui, en vérité, tout ce qu'il peut y avoir de salutaire au bien général de l'État, tout ce qui est utile à protéger le peuple contre la licence des princes, qui ne pourvoient pas à son bien, tout ce qui empêche les empiétements injustes de l'État sur la commune ou la famille, tout ce qui intéresse l'honneur, la personnalité humaine et la sauvegardé des droits égaux de chacun, tout cela l'Église catholique en a toujours pris, soit l'initiative, soit le patronage, soit la protection, comme l'attestent les monuments des âges précédents. Toujours conséquente avec elle-même, si, d'une part, elle repousse une liberté immodérée, qui, pour les individus et les peuples, dégénère en licence ou en servitude, de l'autre, elle embrasse de grand cœur les progrès que chaque jour fait naître, si vraiment ils contribuent à la prospérité de cette vie, qui est comme un acheminement vers la vie future et durable à jamais. »

Dans l'Encyclique *Libertas*, Léon XIII ajoute : « Que si dans les discussions qui ont cours sur la liberté, on entendait cette liberté légitime et honnête, telle que la raison et notre parole viennent de la décrire, nul n'oserait plus poursuivre l'Église de ce reproche qu'on lui jette avec une souveraine injustice, à savoir qu'elle est l'ennemie de la liberté des individus ou de la liberté des États. Mais, il en est un grand nombre qui, à l'exemple de Lucifer, de qui est ce mot criminel : « Je ne servirai pas » ! entendent par ce mot de liberté ce qui n'est qu'une absurde licence. Tels sont ceux qui appartiennent à cette école si répandue et si puissante, et qui empruntent leur nom au mot de liberté, veulent être appelés *libéraux*. »

D'après Léon XIII, le libéralisme se reconnaît donc à ce qu'il proclame la liberté du mal. Cette proclamation consiste à fausser la notion de la liberté en appelant de ce nom une pure et absurde *licence* ; et à se faire l'écho de la parole de Satan, révolté contre Dieu : *Non serviam*. En principe, le libéralisme, c'est le satanisme ou l'anti-christianisme ; en fait c'est la licence. La licence des idées et des mœurs est le moyen actuellement en usage pour détrôner Jésus-Christ et livrer le monde à Satan.

Aux yeux du libéralisme, la liberté, pour les individus, consiste à faire tout ce qui leur plaît : *In eo posita est ut agat quod lubet* ; pour les chefs de l'État, elle consiste à commander ou hasarder selon leur bon plaisir : *Ut imperare teneri et ad libidinem queant.*

Pour le libéralisme radical, cette liberté licencieuse est *naturelle* à l'homme, en ce sens qu'elle découle de la nature de l'homme déchu ; elle est *souveraine et indépendante*, puisqu'elle n'est que la mise en acte de l'autonomie personnelle de chacun et qu'elle doit se subordonner même la constitution des États ; elle est *universelle*, car elle s'étend à tout, à la piété, à l'éducation, à la religion, à la morale, à la science, à la politique. L'homme étant libre par nature, doit être exempté de toute loi. Dans l'hypothèse libérale, on ne devine même plus la nécessité de la société et du pouvoir, à moins de vouloir assurer, par une ombre d'ordre, une plus grande facilité de libéralisme, je veux dire de libertinage.

Nous avons reconnu, dans l'homme, la faculté physique de faire le mal. L'homme a, devant lui, le mal et le bien ; à lui de choisir et de fixer, par son choix, sa destinée. La liberté du mal est un instrument du mérite ; les périls inhérents à son usage en doublent le prix. Mais enfin cette liberté, nécessaire dans le plan divin de la création, est moins le complément du libre arbitre, que son défaut et son amoindrissement. « Pouvoir vouloir le mal, dit saint Thomas, ce n'est ni la liberté, ni une partie de la liberté (22 quest. 88) ». L'être qui possède la faculté du choix entre le bien et le mal est supérieur à l'être qui ne peut vouloir ni l'un ni l'autre ; il est inférieur à celui qui ne peut vouloir que le bien ; car la perfection d'un être est proportionnelle à la perfection avec laquelle il arrive à sa fin.

Le P. At, qui a traité du libéralisme avec tant de sagacité et de zèle, distingue trois classes d'esprits : ceux qui se trompent, ceux qui ne se trompent pas et ceux qui ne peuvent pas se tromper. Les premiers, dit-il, n'ont ni mérite, ni gloire ; les seconds ont le mérite du travail et la gloire du succès ; les autres ont en partage la perfection ; car, être infaillible en droit, c'est mieux que d'échapper à l'erreur en y restant exposé. Ainsi la volonté qui se déprave, se déshonore ; la liberté qui sort victorieuse de la lutte est digne d'estime ; mais la volonté impeccable demeure l'idéal de l'être intelligent et moral.

Dieu n'a pas la liberté du mal et pourtant il possède la plénitude de la liberté. L'ange la possédait à l'origine ; les bons anges obtinrent toute leur perfection en perdant la liberté du mal pour se fixer dans le bien ; les mauvais anges, rebelles à Dieu, perdirent la liberté du bien pour s'éterniser dans le crime. Des bons et des mauvais anges, qui sont les plus parfaits ? Les démagogues ne manqueront pas de se prononcer pour le diable ; ce choix est le contraire de la vérité, la ruine de la liberté humaine.

L'homme, soumis à l'épreuve d'une vie mortelle, par la manière dont il la supporte, acquiert la gloire ou la réprobation. Il faut donc distinguer en lui deux états par lesquels il passe successivement. Dans la voie de l'épreuve, l'épreuve serait impossible, le mérite un non-sens, si l'homme entrait gratuitement dans la félicité éternelle. Cette gratuité amoindrirait l'homme ; l'homme fait sa perfection au milieu des combats. La liberté du mal constitue l'infériorité de sa nature ; il la perdra au terme de la carrière, pour n'avoir plus que la liberté de l'amour,

L'homme couronné est plus grand que l'homme éprouvé : sa perfection est de ne plus pouvoir défaillir. La liberté du mal n'est donc pas la vraie liberté.

En expliquant à la société, la loi de l'individu, il faut venir au mot de Platon. « La morale pour les nations et pour les particuliers, est la même (1) ». La dignité morale de l'individu réside en la ressemblance qu'il s'efforce d'établir entre lui et Dieu. C'est l'honneur d'une société de s'élever vers ce même exemplaire, de le reproduire exactement dans ses institutions, ses lois et ses mœurs. Dieu n'a pas la liberté du mal ; une nation agit sagement en n'inscrivant pas cette liberté dans son code.

La perfection d'une société résulte du rapport direct entre sa foi et ses lois. La fin de la société, comme la fin de tous les êtres raisonnables, c'est le vrai et non pas le faux ; c'est le bien et non pas le mal. L'ordre moral et social, c'est l'application des principes éternels à la direction des esprits, au gouvernement des âmes. Si l'on sort de là, on entre dans la sphère du mal et l'on n'a plus, pour se sauver, que les expédients. « Le grand obstacle à l'ordre moral, dit le P. At, c'est le mal, le mal immortel qui renaît de lui-même et semble défier la puissance des lois : il est le désespoir des hommes d'État. Ce mal, combattu, fait chanceler les sociétés sur leurs bases. Que sera-ce quand il sera autorisé ? Évidemment, on ne fait pas de l'ordre avec le désordre. Une société qui suit de pareils errements, loin de tendre vers sa fin, s'en écarte ; elle mérite toutes les calamités qu'elle se prépare. Et si Dieu lui a donné un rôle au milieu des nations, sa responsabilité augmente encore ; après avoir bouleversé ses destinées, elle va compromettre celles de ses voisins. Elle abuse de son prestige et de sa force ; un siècle n'est pas écoulé et le monde tombe dans des convulsions horribles. C'est la liberté du mal qui amène ces situations ; elle n'est donc pas pour les sociétés le moyen d'atteindre leur fin (2) ».

La perfection des sociétés se manifeste par la vigueur de leur tempérament. Or, les sociétés ne vivent pas seulement de pain ; elles vivent de vérité, de vertu, d'honneur, de sacrifices, et, par conséquent de religion et de lois conformes à la vérité révélée ou consacrées à sa défense. Aussi longtemps qu'elles observent ces lois vraiment constitutionnelles, aussi longtemps qu'elles s'assimilent ces aliments généreux, elles sont belles, fortes et grandes ; elles seraient éternelles, si elles observaient toujours le même régime. Prétendre que l'erreur se digère comme la

---

1. *République.* Liv. III.
2. *Du vrai et du faux en matière d'autorité,* p. 304.

vérité, que le vice contribue à la prospérité sociale, c'est dire qu'on peut manger le poison comme un pain et assimiler la maladie à la santé. Que les sociétés qui veulent vivre portent donc, à l'intérieur, la vertu et placent en sentinelle à leur frontière, la justice.

L'ancienne société a pratiqué la liberté du bien, la seule qui lui paraît mériter l'honneur de ses services. Son bon sens est devenu un crime ; elle l'expie sous les huées des scribes, de la révolution. Sous le nom d'ancien régime, on lui reproche les maux inhérents à tout régime social et les maux plus fâcheux, imputables à une société vieillie. On l'a tuée en France, pour inaugurer la liberté du mal, résumé *pompeux* des conquêtes de 89. Nous ne souscrivons ni à son meurtre, ni aux prétextes de son assassinat. L'ancienne société était libérale, parce qu'elle était raisonnable et chrétienne, parce qu'elle observait les principes divins de la constitution des États. Nous n'entendons pas ressusciter ce qui est mort, ni immobiliser le monde dans un état contraire aux développements utiles. Mais les principes sont de tous les temps, les vertus sont toujours nécessaires et la sagesse divine est éternelle. Au lieu de jeter la pierre à l'ancien régime, il faut lui emprunter ce qu'il a de bon et de solide. Parmi les reliques de notre histoire, il faut ranger la liberté telle qu'elle était autrefois comprise, la liberté du bien.

Si nous récriminons avec force contre le passé, en revanche, nous glorifions le présent avec emphase. Il est permis de bien faire ; il est indécent de se vanter. La modestie est l'ornement du mérite. Les époques supérieures accomplissent de grandes choses avec une modeste simplicité ; les temps de troubles et de décadence rachètent leurs misères par le panégyrique incessant des vertus qu'elles n'ont point. Qui croira que, depuis 89, nous ayons fait place aux dithyrambes ou fourni matière à l'épopée ? A n'envisager que le côté extérieur des choses, ce qui caractérise la société moderne, c'est l'instabilité des institutions et l'hostilité des personnes. Les régimes succèdent aux régimes avec une rapidité vertigineuse ; de leurs ruines naissent des partis qui s'arrachent les restes de la patrie. Par la libre manifestation des théories jalouses qui se disputent les préférences des esprits, le libéralisme engendre le scepticisme, l'indifférentisme et la passion révolutionnaire. Des sphères religieuses, l'incroyance passe dans les sphères sociales ; on ne croit plus à rien, ni à personne, il n'y a plus de doctrine reçue ou seulement respectée. De la tête, le scepticisme passe au cœur et engendre l'indifférence ; il n'y a plus d'énergie pour aucune bonne œuvre ; il n'y a de passion que pour le mal. L'égoïsme rend indifférent à tout, même au bien de son pays, et, pour l'assister, on ignore l'art de prendre une résolution ou de la tenir.

L'esprit révolutionnaire vient alors remettre tout en cause, toute grandeur fatigue, tout mérite agace. Les chefs d'État sont impopulaires à cause de leur autorité ; les prêtres, à cause de la sainteté de leur mission ; les soldats, parce qu'ils obéissent ; les magistrats, parce qu'ils condamnent. Le capital a ses jaloux ; le talent ses envieux ; le mérite ses détracteurs. C'est une contagion, une peste sociale qui étend partout ses ravages.

La liberté du mal mène au morcellement ; le morcellement à la confusion ; la confusion au désordre. Quand les forces vitales s'affaiblissent, quand les principes s'effacent, quand les caractères s'abaissent, quand les mœurs se corrompent, la désolation arrive. Les décombres du passé couvrent les fondements du sol natal ; les institutions nouvelles ne tiennent pas et ajoutent au deuil des vieux écoulements, le bruit lugubre des chutes qui appellent d'autres chutes. C'est l'heure où retentit sur les grandes eaux l'oracle des dernières catastrophes : Là où Dieu n'est plus adoré, les patries tombent d'elles-mêmes, par le vice de leur misérable construction.

Ah ! pour conjurer ces malheurs, ne nous lassons pas de proclamer les vrais principes et de rappeler les vieux oracles. « Il faut, dit Bossuet, chercher le fondement solide des États dans la vérité, qui est la mère de la paix ; et la vérité ne se trouve que dans la véritable religion ». « La philosophie, dit Rousseau, ne fait aucun bien que la religion ne le fasse encore mieux, et la religion en fait beaucoup que la philosophie ne saurait faire ». « Cherchez un peuple sans religion, disait Hume ; si vous le trouvez, soyez sûr qu'il ne diffère pas beaucoup des bêtes brutes ». « Si le monde était gouverné par des athées, disait Voltaire, autant vaudrait être sous l'empire immédiat de ces êtres infernaux, qu'on nous peint acharnés contre leurs victimes. « Hommes infâmes et détestables, s'écrie Machiavel, destructeurs de royaumes et de républiques, ennemis des vertus, des lettres et des arts, qui honorent le genre humain, et contribuent à sa prospérité (1) ».

La liberté du mal est donc le fléau de la société. Comment Léon XIII réfute cette liberté.

XXI. — Léon XIII, à la fin de l'Encyclique *Libertas*, résume ainsi son jugement sur le libéralisme : « Nous dirons, en résumé que l'homme

____

1. *Politique*, Liv. VII ; — *Emile, Hist. naturelle de la religion ; Homélie sur l'athéisme ; Discours*, Liv. I.

doit nécessairement rester *tout entier* dans une dépendance *réelle et incessante* à l'égard de Dieu, et que, par conséquent, il est *absolument impossible* de comprendre la liberté de l'homme *sans la soumission à Dieu* et l'assujettissement à sa volonté. Nier cette souveraineté de Dieu ou refuser de s'y soumettre, ce n'est pas liberté, mais *abus de la liberté et révolte* ; et c'est précisément d'une *telle disposition* D'AME que naît et se constitue le *vice capital* du libéralisme ». Au commencement de la seconde partie de cette même Encyclique, Léon XIII, expliquant la genèse historique de cette erreur, avait dit : « Ce que sont en philosophie, les *naturalistes* et les *rationalistes*, les fauteurs du libéralisme le sont dans l'ordre moral et civil, puisqu'ils introduisent dans les mœurs et la pratique de la vie, les principes posés par le *naturalisme*. Or, le principe de tout rationalisme, c'est la souveraine domination de la raison humaine, qui, refusant l'obéissance due à la raison divine et éternelle, et prétendant ne relever *que d'elle-même*, ne se reconnaît *qu'elle seule* pour principe suprême et juge de la vérité ». Ailleurs, le Pape avait reconnu, comme promoteur de ce grand mouvement d'hérésies modernes, Luther. Luther, en effet, avait posé, comme principe premier de sa révolte, l'hégémonie de la raison privée, et, par ce trait d'audace, qui justifiait toutes les hérésies antérieures, il ouvrait, comme dit Bossuet, le puits de l'abîme, d'où allaient jaillir les flammes d'un immortel incendie.

L'homme, mis à la place de Dieu et faisant la guerre à Dieu, voilà donc l'essence du libéralisme. La guerre à Dieu entraîne logiquement l'éviction de Jésus-Christ, de l'Église, du Pontife Romain, et l'effacement de tout caractère sacré, du front de tous les pouvoirs. Ce radicalisme de la négation ne saurait convenir à tous les esprits. Se prononcer sans vergogne pour la liberté du mal absolu et promettre d'y travailler est d'ailleurs une œuvre qui ne se fait pas de but en blanc et sur l'heure. On y va par degrés. On peut donc distinguer plusieurs espèces de libéralisme, car il y a, pour la volonté, plus d'une forme et plus d'un degré dans le refus de l'obéissance due à Dieu et à ceux qui participent à l'autorité divine. Nous avons distingué, nous-mêmes, avec don Sarda et l'abbé Chesnel, trois formes de libéralisme. Voici comment Léon XIII les réfute dans l'Encyclique *Libertas*.

Au libéralisme radical, qui rejette l'autorité divine absolument, qui proclame la morale indépendante et accepte la souveraineté du peuple dans un sens athée, le Pape oppose d'abord le témoignage de la raison. La raison, en effet, dit qu'entre Dieu, créateur et gouverneur du monde, et le monde existant, soit à l'état individuel, soit à l'état social, il y a des rapports nécessaires, une religion obligatoire. Proclamer le schisme, ou faire le vide dans le ciel, pour revêtir la terre d'attributs souverains, qui ne peuvent pas lui convenir, c'est facile à dire, mais difficile à croire. Nous avons en nous l'idée et le sentiment du divin ; nous y sommes attaché par les profondeurs de notre être ; nous éprouvons souvent le besoin d'y recourir, pour y puiser des lumières, des consolations ou des encouragements. Nous jeter au mal sans réserve et sans retour, c'est réduire l'humanité à une condition tellement ingrate, qu'aucune erreur n'a jamais voulu tenter une si rebutante entreprise.

Il y a un Dieu, il y a une religion, il y a une société de l'homme avec Dieu. Cette société repose sur la vérité ; elle ne saurait pactiser avec le mensonge, ni permettre à l'homme de vivre dans les déserts de l'incrédulité, de la fausse science et du doute. On ne peut pas reconnaître, à l'homme, la liberté de l'erreur, bien moins encore le droit à la révolte impie et au fanatisme athée. L'essence des choses s'y refuse. Il n'y a point de place, en logique, pour le libéralisme ; il n'y en a pas davantage au forum de la vie sociale. « Le principe de la révélation étant donné, dit Jules Simon, l'intolérance religieuse est non seulement juste, mais nécessaire, et une religion qui ne les pratiquerait pas, serait par là même condamnée (1) ». La religion a été révélée de Dieu pour rattacher la terre au ciel. L'Église se présente comme venant de Dieu, comme ayant reçu d'en haut l'autorité pour conduire les hommes à Dieu, comme ayant seule la vérité et possédant seule le droit de l'inculquer aux hommes. Où et comment peut-on poser en principe, ratifier en fait, la guerre à Dieu ? N'est-ce pas s'engager à effacer de la terre tout ce qui porte son nom ? Et peut-on imaginer desseins plus sataniques ?

A cet argument de raison, le Pape ajoute la dénonciation de pernicieuses conséquences. En réalité, dit-il, si l'on fait dépendre du jugement de la seule et unique raison de l'homme, le bien et le mal, on supprime la différence propre entre le bien et le mal ; le honteux et l'honnête ne diffèrent plus en réalité, mais seulement dans l'opinion et le jugement de chacun : ce qui plaît sera permis. Dès que l'on admet une semblable doctrine morale, qui ne suffit pas à réprimer ou apaiser les mouvements désordonnés de l'âme, on ouvre accès à toutes les corruptions de la vie.

« Dans les affaires publiques, le pouvoir de commander se sépare du principe vrai et naturel auquel il emprunte toute sa puissance pour procurer le bien commun ; la loi qui détermine ce qu'il faut faire et éviter est abandonnée aux caprices de la majorité, ce qui est préparer la voie à la domination tyrannique. Dès que l'on répudie le pouvoir de Dieu sur

____
1. *Liberté de conscience*, 1re leçon.

l'homme et sur la société humaine, il est naturel que la société n'ait plus de religion, et tout ce qui touche à la religion devient l'objet d'une complète indifférence. Armée pareillement de l'idée de souveraineté, la multitude se laissera aller facilement à la sédition et aux troubles, et, le frein du devoir et de la conscience, n'existant plus, il ne reste plus rien que la force, la force qui est bien faible, à elle seule, pour contenir les passions populaires. Nous en avons la preuve dans ces luttes presque quotidiennement engagées contre les socialistes et autres sectes séditieuses qui travaillent depuis si longtemps à bouleverser l'État jusque dans ses fondements. Qu'on juge donc et qu'on prononce, pour peu qu'on ait le juste sens des choses, si de telles doctrines profitent à la liberté vraie et digne de l'homme, ou si elles n'en sont pas plutôt le bouleversement et la destruction complète. »

Le semi-libéralisme est, dit Léon XIII, « le système de ceux qui, tout en concédant qu'on doit dépendre de Dieu, auteur et maître de l'univers, puisque toute la nature est régie par sa Providence, ont répudié les règles de foi et de morale qui, dépassant l'ordre de la nature, nous viennent de l'autorité même de Dieu. Ils n'admettent pas que l'homme libre soit obligé de se soumettre aux lois qu'il plaît à Dieu de nous imposer par une autre voix que la raison naturelle. » Ce libéralisme bâtard, Léon XIII le réfute en le mettant en contradiction avec lui-même. S'il faut déférer à la volonté de Dieu, il faut en respecter toutes les manifestations ; et si l'on excepte, de sa soumission, quelque loi divine, on ne voit plus en quoi consiste la soumission. Celui qui viole la loi en un point, est comme s'il la violait en son entier : c'est un axiôme de droit. La raison en est que s'il observe la loi en un point, c'est non pas parce que c'est la loi, mais parce que sa volonté est de n'y point contrevenir ; et s'il contrevient en tout le reste, c'est encore parce que telle est sa volonté. *Sic volo, sic jubeo, sit pro ratione voluntas* ; tel est son code, réduit, en somme, à son caprice. Un tel observateur de la loi est, dans l'ordre civil, un protestant ; il se règle par son libre examen. La volonté humaine se déclarant en principe, supérieure à la volonté divine, n'est plus tenue, sous aucun rapport, d'après ses doctrines, à l'obéissance. Le semi-libéralisme est absurde et impossible, comme sont d'ailleurs trop souvent les théories de juste-milieu. Par son propre vice le semi-libéralisme va s'engouffrer dans le libéralisme radical.

« D'autres, continue Léon XIII, sont plus mitigés sans être conséquents avec eux-mêmes : selon eux, les lois divines doivent régler la vie et la conduite des particuliers, mais non celles des États ; il est permis, dans les choses publiques, de s'écarter des ordres de Dieu et de légiférer sans en tenir aucun compte : d'où naît cette conséquence pernicieuse de la séparation de l'Église et de l'État. » — Cette troisième forme de libéralisme ne nous paraît pas plus logique, ni sensiblement plus mitigée que la seconde : celle-ci exceptait les lois positives, celle-là met l'État hors de l'ordre divin et coupe l'homme en deux. Le chrétien est obligé d'obéir à Dieu ; le citoyen en a dispense. Chrétien, il porte des chaînes ; citoyen, il est libre de toute soumission à Dieu. Ce manichéisme n'aboutit qu'à des désastres : l'homme libre emportera la croyance ; l'affranchissement civique détruira la foi. On ne peut pas servir à la fois Dieu et Bélial. Par cette voie courbe et souterraine, ce qui reste de bons chrétiens doit tôt ou tard, sortir de l'Église.

Léon XIII, dans l'Encyclique *Immortale Dei*, avait déjà répondu à ce libéralisme soi-disant mitigé et encore plus hypocrite, en posant le droit divin de la société, du pouvoir, des lois et du gouvernement. Précédemment, Pie IX, dans l'Encyclique *Quanta cura*, avait enseigné que le pouvoir civil est institué premièrement pour aider l'Église et travailler avec elle à conduire les hommes à leur fin dernière. Dans l'Encyclique *Libertas*, Léon XIII rappelle la même doctrine sous deux formes, savoir : que la société civile doit procurer à ses membres le moyen de vivre selon les lois de Dieu, obligation qu'elle trahirait en ne tenant, de ces lois aucun compte ; que la société doit procurer à ses membres les biens de l'âme, devoir impossible en mettant de côté les lois de Dieu. Quant à la séparation de l'Église et de l'État, séparation impossible, elle est contraire à la sagesse divine, à cette concordance, que Dieu a établie entre les deux puissances.

Le pape en ramène l'entente à deux opinions : 1° « L'opinion de ceux qui veulent une séparation radicale et totale : ils estiment que dans tout ce qui concerne le gouvernement de la société humaine, les institutions, les mœurs, les lois, les fonctions publiques, l'instruction de la jeunesse, on ne doit pas plus faire attention à l'Église que si elle n'existait pas : tout au plus laissent-ils aux membres individuels de la société la faculté de vaquer, en particulier, si cela leur plaît, aux devoirs de la religion. » 2° L'opinion de ceux qui sans méconnaître l'existence de l'Église, « lui enlèvent le caractère et les droits propres d'une société parfaite et veulent que son pouvoir, dépourvu d'autorité législative, judiciaire, coercitive, se borne à diriger, par l'exhortation et la persuasion, ceux qui se soumettent à elle de leur plein gré et de leur propre vouloir ». Léon XIII rejette ces deux opinions, dont l'une ignore l'Église et l'autre la dépouille. La tenir pour morte ou la tuer, c'est à peu près la même chose. Dans ces deux hypothèses, on dresse toujours, contre l'Église et contre Dieu, l'autonomie de l'homme. L'homme est tout puissant; il fait la société à son image, sans s'occuper, disait Raoul Rigault, du *nommé Dieu* ou en tenant l'Église dans les chaînes. Dans les deux cas, les procédés seuls diffèrent; c'est la même impiété.

A ces deux opinions réprouvées, Léon XIII en rattache une troisième : « Beaucoup, dit-il, n'approuvent pas cette séparation de l'Église et de l'État; mais ils estiment qu'il faut amener l'Église à céder aux circonstances, obtenir qu'elle se prête et s'accommode à ce que réclame la prudence du jour dans le gouvernement des sociétés. Opinion honnête, si on l'entend d'une certaine manière *équitable d'agir*, qui soit *conforme à la vérité et à la justice* : à savoir, que l'Église, en vue *d'un grand bien* à espérer, se montre *indulgente* et concède aux circonstances de temps ce qu'elle peut concéder *sans violer la sainteté* de sa mission. » Cette opinion est honnête; mais elle *ne touche pas* aux doctrines; elle se réfère simplement à la pratique universelle et constante de l'Église, qui, pour arranger les choses, va s'il le faut, jusqu'aux portes de l'enfer, sans y entrer toutefois. « Mais, fait observer le pape, il en va *tout autrement* des pratiques et des doctrines que l'*affaissement des mœurs* et les *erreurs courantes* ont introduites *contre le droit*. Aucune époque ne peut se passer de religion, de vérité et de justice : grandes et saintes choses que Dieu a mises sous la garde de l'Église, à qui il serait dès lors étrange de demander *la dissimulation* à l'égard de ce qui est *faux* et injuste, ou la *connivence* avec ce qui *peut nuire* à la religion. » Pie IX avait dit dans les mêmes termes : « Mais si, sous le nom de civilisation, il faut entendre un système *inventé précisément* pour *affaiblir* et peut-être *renverser* l'Église, non, jamais le Saint-Siège et le Pontife romain ne pourront s'allier avec une telle civilisation (1). » Dans le même sens, Pie IX condamnait, dans le *Syllabus*, sous le numéro 80, cette proposition : « Le Pontife romain peut et doit se réconcilier avec le progrès, avec le *libéralisme* et avec la civilisation moderne. » Par là-même que les deux papes déclarent le libéralisme en général irréconciliable avec l'Église et la Chaire Apostolique, il faut croire à cette impossibilité et ne plus se bercer désormais de l'illusion puérile qui consiste à rêver un libéralisme orthodoxe. Le libéralisme, dans tous les sens du mot et dans tous ses degrés d'expression, est une hérésie. L'opinion honnête qu'accepte Léon XIII, n'a rien à démêler avec ce dogmatisme hérétique; ce n'est qu'une pratique plus ou moins subie par les papes et dont il serait absurde de tirer une doctrine. D'ailleurs les papes agissant dans la plénitude de leur souve-

---

1. Allocution *Jamdudum cernimus*, du 18 mars 1861.

raineté, jouissent d'une liberté d'action que ne possèdent pas les fidèles, obligés strictement à la profession de la foi. Et peut-on bien ignorer que le libéralisme, sous toutes les formes, est une machine inventée uniquement contre l'Église romaine et pour couler bas la papauté ? Toute profession de libéralisme est un acte de guerre impie ; toute connivence de catholiques avec les libéraux, c'est une faiblesse de cœur ou d'esprit, dont l'aboutissement logique est la trahison. C'est pourquoi les libéraux font risette à ces catholiques faux-teints qui inclinent de leur côté, très assurés, et à bon droit, que l'arbre tombe toujours du côté où il penche :

> Cet oracle est plus sûr que celui de Chalcas.

La liberté de la pensée.

XXII. — La logique du sujet amènerait Léon XIII à parler de la liberté de pensée et de conscience, principe premier de toutes les aberrations et de tous les méfaits. Par un oubli, qui étonne de prime-abord, le Pape ne dit rien de la libre pensée et ne dit un mot de la liberté de conscience, que pour réclamer la liberté de la conscience catholique, partout, plus ou moins foulée aux pieds. La raison de ce silence est double : d'une part, le pontife a précédemment marqué le vrai rôle de la pensée, de la volonté et du libre arbitre et, implicitement rejeté le dogmatisme révolutionnaire qui le méconnait ou l'altère ; d'autre part, pasteur des âmes, il a moins à se préoccuper des spéculations impies, que de leurs conséquences pratiques, et c'est à rejeter ces conséquences qu'il emploie tous les efforts de son zèle. Pour nous, à raison de l'importance du sujet, et pour y asseoir la force de nos réfutations, nous dirons un mot des prétentions saugrenues de la libre pensée.

Le dogme de la sédition rationaliste est que la nature humaine se suffit à elle-même dans tous les ordres de choses, pour vivre et pour mourir. Arriver à être, dans l'ordre intellectuel, le souverain absolu de ses idées ; dans l'ordre moral, le dernier juge de ses actions ; dans l'ordre social, à ne reconnaître d'autre autorité que celle qu'on aura directement élue ; dans l'ordre matériel, à tirer des éléments, toutes les satisfactions des sens et de l'orgueil : telle est la charte du rationalisme. L'homme est Dieu : il fait la vérité par sa pensée ; la loi, par sa volonté ; le droit, par ses actes. Il n'y a rien au-dessus de lui ; et rien ne doit le gêner dans son action privée ou publique.

Attribuer à l'homme une telle autonomie, c'est une prétention qui ne

supporte pas l'examen. Cette indépendance souveraine est l'état d'un être qui n'est soumis à l'action d'aucun autre, d'un être qui porte en soi-même la source de son existence et toutes les conditions de la vie qui lui est propre, sans rien emprunter qui lui vienne du dehors et sans jamais rien perdre de ce qu'il possède. Si tel était l'état de la raison humaine, on ne saurait dire qu'elle naît et grandit, qu'elle peut être forte ou faible, pure ou dépravée, saine ou corrompue ; qu'elle demande à être cultivée, qu'elle s'accroît ou se diminue, se trompe ou s'égare. Dès le berceau, elle brillerait, dans l'homme, comme un soleil, toujours radieux, jamais voilé par les nuages ou défaillant dans sa vertu. Nous croyons plutôt qu'il n'y a pas, dans la création, d'être moins indépendant que l'homme. Sa raison, liée à un organisme, est fatalement soumise aux éléments qui l'enveloppent ; enfant, il a besoin longtemps de la protection du foyer ; être intelligent, il est astreint aux règles de la logique et contraint de reconnaître les réalités ; être moral, il est responsable de ses actes devant la conscience ; être social, il doit être soumis aux pouvoirs et aux lois, subir la pression de ses semblables et les entraînements de son époque ; créature, il est sujet d'un créateur, sur la vérité, de la vertu et de la justice. Dieu, Jésus-Christ, l'Église, la loi naturelle et la loi divine, les mystères de la nature et de la grâce, sont autant de limites à son action et de défis à sa vaniteuse allégation de souveraineté. L'homme revêtu d'une indépendance absolue, n'est pas l'homme réel, pauvre et nu, longtemps faible, souvent infirme toute sa vie, bientôt vieillard chancelant et poussière inanimée. Lui prêter de telles prérogatives, c'est la plus amère et la plus folle des dérisions.

Que l'homme soit doué de liberté, nous l'avons dit ; que la société doive respecter l'usage licite de cette liberté, rien n'est plus certain ; qu'elle soit impuissante, pour agir en souveraine au for intérieur, cela saute aux yeux ; mais qu'elle s'incline devant les abus extérieurs de cette liberté et désarme devant ses excès publics, non, cela n'est pas admissible ; et surtout qu'elle doive tenir l'homme pour infaillible dans ses pensées, pour immaculé dans ses actes, c'est reculer visiblement les limites de l'absurde.

Toute société repose sur un ensemble de principes qu'elle doit faire respecter ; si elle les livrait à l'acide du libre examen, elle entrerait bien vite en dissolution. Toute société repose sur un ensemble de lois morales et sociales ; si elle les laissait facultatives, à la discrétion des sujets, le vice aurait bientôt tiré, de l'anarchie intellectuelle, la justification de toutes les ruines. D'ailleurs si les citoyens se croyaient, en vertu de la libre pensée, tout permis, ils ne pourraient pas sans in-

conséquence, refuser aux chefs de la société, la même liberté d'action.
La libre pensée, source de folie pour les individus, offre aux princes, le
blanc seing pour toute les tyrannies.

Que devient, avec la libre pensée, l'ordre du monde? L'harmonie de
tous les êtres résulte de l'observance volontaire des lois divines.
Si vous proclamez la libre pensée, vous établissez entre les hommes,
la discorde, contre Dieu, la révolte. Est-ce un état que la raison puisse
admettre et que la société puisse longtemps souffrir ? L'histoire à déjà
répondu. On ne voit pas de société qui ne soit la négation nécessaire de
la libre pensée.

La liberté de conscience.

XXIII. — La liberté de conscience est, comme la liberté de pensée,
une faculté naturelle de l'homme : c'est l'essence des hommes, envisagée
ici, dans son intelligence, là, dans sa volonté. L'exercice de cette liberté
est nécessaire à l'acquisition du mérite ; si la conscience était fatalement
inclinée à ses actes, son esclavage détruirait sa responsabilité. Mais si
la volonté a ses beaux élans et ses nobles besoins, elle a aussi ses fai-
blesses ; elle est même plus blessée, plus affaiblie que l'intelligence.
Concevoir le bien, comprendre et honorer le devoir, ce n'est pas rare
l'accomplir, c'est plus difficile, et sans Dieu, sans le secours de sa grâce
nous ne pouvons l'accomplir en totalité, ni jusqu'au bout. Sans doute
la conscience est une lumière divine, un jugement pratique, imprimé dans
nos âmes pour nous faire discerner le bien du mal, nous pousser à la
recherche du bien, nous aider à le conquérir, nous punir ou nous
récompenser, suivant que nous l'avons conquis ou trahi. Mais s'il y a
une conscience formée, il y a une conscience informe ; s'il y a une conscience droite, il y a une conscience fausse. Quand elle est formée et
droite, il faut la suivre ; quand elle est informe, il faut l'éclairer ; et, si
elle est faussé, il faut la redresser. Prétendre qu'elle fait loi en tout cas,
qu'il lui est licite d'aller au bien ou au mal indifféremment, c'est une
prétention ridicule. L'erreur n'a pas, dans la conscience humaine, plus
de droits que le crime n'en a dans la vie pratique ; le mal ne vaut pas
mieux que le faux, car le mal n'est que le faux en action. Si vous proclamez la liberté de conscience, vous n'avez plus le droit de punir. Si la
conscience est une règle infaillible, si vous tolérez les maximes qui légiti-
ment tous les forfaits, il faut laisser libre cours à tous les crimes.

« Tout le monde conviendra sans peine, dit un sage auteur, que la liberté du mal, c'est-à-dire le droit de voler, d'incendier, d'assassiner, serait un principe barbare, un principe contraire à la nature ; par une conséquence nécessaire, le principe de la liberté, appliqué sans restriction à ce qui peut devenir et devient souvent très mauvais, est évidemment un principe faux et dangereux, puisqu'il peut dans un cas donné, légitimer le mal. Or, la conscience humaine, de l'aveu de tous, n'est pas incorruptible ; il arrive souvent qu'au lieu de régler ses desseins, ses intérêts, ses passions, selon le dictamen de la conscience droite, on se fait une conscience de ses passions, de ses intérêts, de ses désirs. Or, si le principe de la liberté de conscience est vrai, on pourra suivre, que dis-je, on devra suivre les inspirations qui conduisent au crime. Il en résulterait qu'il faudrait regarder comme innocents les malfaiteurs, qui se croient permis d'agir contre les lois divines et humaines, dans telle ou telle circonstance, et les impies qui dogmatisent, et les insensés qui enseignent que la prostitution, l'adultère, ne sont pas des crimes, dès qu'ils sont portés à se le persuader. Or, il n'est pas douteux que de telles gens ne soient coupables et dignes de chatiment, parce qu'il ne peut y avoir d'erreur innocente, ni invincible, sur des points de morale aussi claire (1) ».

Sans doute, il faut agir selon sa conscience ; mais si elle fausse, il faut la rectifier, et il y a des points où il est impossible d'admettre l'innocence de l'erreur et la légitimité du crime. La conscience peut être abominablement scélérate ; c'est même, dans son fond mystérieux, que réside le principe de toute scélératesse.

Mais voilà, ces grands parleurs de liberté, ces libérateurs-nés de la conscience, sont, pour la conscience, ordinairement des enjoleurs ou des bourreaux. La liberté qu'ils réclament, c'est pour le mal ; la liberté du bien, ils la proscrivent. Par un renversement radical de tous les principes et de toutes les institutions, l'Église catholique, qui est la grande régulatrice de la conscience, ils ne veulent pas lui laisser la libre pratique. Quant aux théories philosophiques ou politiques, qui font dévier la conscience, l'anéantissent dans ses écarts, ou la suppriment en fait, ils leur réservent toutes les bonnes grâces des gouvernements. Or, dit Léon XIII, l'homme a, dans l'État, le droit de suivre, d'après la conscience de son devoir, la volonté de Dieu et d'accomplir ses préceptes, sans que rien puisse l'en empêcher. Cette liberté, la vraie liberté, la liberté digne des enfants de Dieu, qui protège si glorieusement la dignité de la personne humaine, est au-dessus de toute violence et de toute oppression,

____

1. Duverger. *Essai sur les principes du libéralisme*, p. 69.

et elle a toujours été l'objet des vœux de l'Église et de sa particulière
affection. C'est cette liberté que les apôtres ont revendiquée avec tant de
constance, que les apologistes ont défendue dans leurs écrits, qu'une
foule innombrable de martyrs ont consacrée de leur sang ». Un de ces papes
qui écrivaient dans les catacombes, avant d'aller au martyre, ne dirait pas
mieux. A entendre Léon XIII, on croirait que l'arène va se rouvrir, et
qu'il adresse, aux soldats du Christ, sa suprême proclamation.

Il n'y a guère de conscience vraie et droite, que la conscience chrétienne,
éclairée par la révélation divine et dirigée par l'Église. S'ensuit-il que
les chrétiens soient des rebelles ? Non. La liberté chrétienne n'est pas cette
bacchante échevelée, lancée par Luther, adorée par Marat. Cette liberté
« n'a rien de commun avec des dispositions factieuses ou révoltées ; et
d'aucune façon, il ne faudrait se la figurer comme réfractaire à l'obéissance due à la puissance publique ; car ordonner et exiger l'obéissance
aux commandements n'est un droit de la puissance humaine qu'autant
qu'elle n'est pas en désaccord avec la puissance divine, et qu'elle se
renferme dans les bornes que Dieu lui a marquées. Or, quand elle
donne un ordre qui est en désaccord avec la volonté divine, elle s'écarte
alors loin de ces limites et se met du même coup en conflit avec l'autorité divine : il est donc juste alors de ne pas obéir ».

Que tous les tyrans hurlent à ses paroles ; qu'ils se débattent sous les
entraves de la loi divine, comme un tigre dans les rets, je le regrette
pour eux. Mais la dignité de la conscience chrétienne, le sentiment des
destinées éternelles, l'obligation sacrée du devoir et du sacrifice élèveront
toujours, contre la tyrannie, des remparts qu'elle ne pourra pas briser.
Rien n'est plus fort que la conscience chrétienne, éclairée et vivifiée par
Dieu.

La liberté des cultes.

XXIV. — Dans la théorie des libertés modernes, la liberté des cultes est
l'application de la liberté de pensée et de conscience. Si vous proclamez l'indépendance de la volonté et l'hégémonie de la raison, il y aurait
à refuser la libre expression de la pensée et l'usage libre des convictions,
une inconséquence manifeste ; la liberté de la pensée entraîne la liberté
de la parole et de l'action. L'homme n'est pas un pur contemplatif. S'il
n'est point assujetti à Dieu, s'il est maître absolu de lui-même, sans dépendance aucune, il lui est loisible de penser, de dire et de faire tout
ce que bon lui semble. Lui poser une limite, ce serait attenter à sa

grandeur et le découronner, ce serait un attentat contre sa sainte nature, un crime de lèse-majesté. C'est de là que les libéraux tirent la liberté des cultes et la liberté de la presse, les deux grands chevaux de bataille de leur hérésie, j'allais dire de leur conspiration.

Des distinctions sont nécessaires pour procéder avec ordre. On distingue donc la liberté dogmatique et la liberté politique des cultes. La liberté dogmatique serait le droit divin de différents cultes à exister simultanément; la liberté politique, c'est le droit à l'existence civile, reconnu par la société à des cultes divers. La liberté dogmatique est, avec l'Église, un non sens. L'Église est la constitution divine de l'humanité; elle embrasse tous les temps et tous les lieux; Dieu l'a chargée de faire entrer dans son giron tous les peuples de l'univers. Dès lors, il répugne que d'autres cultes que le culte catholique tiennent de Dieu le droit d'exister. La liberté politique des cultes peut venir d'un fait que le pouvoir, pour éviter un plus grand mal ou procurer un plus grand bien, croit devoir tolérer. Dans ces conditions et dans ces limites, la tolérance des faux cultes n'est pas une question pour la bonne foi; à Rome même sous le gouvernement des Papes, les Juifs jouissaient du culte public; les protestants et les schismatiques, des immunités du culte domestique. Les ennemis acharnés de l'Église voudraient cependant que l'Église admette non seulement la tolérance, mais l'égalité juridique et la liberté absolue de tous les cultes. Et qui est-ce qui l'appelle sur ce terrain? Ce sont les détracteurs impies de toute révélation ; ce sont ceux qui veulent établir et faire admettre au genre humain, que toutes les religions, étant d'invention humaine, doivent être toutes mises au même rang, non pas pour être honorées toutes également, mais pour être également toutes méprisées, afin d'être bientôt toutes également bannies et détruites. Voilà ce qu'il y a, au fond de la liberté des cultes, en tant que principe.

« Conçoit-on, demande monseigneur Parisis, que ce soit avec ce principe qu'on demande à l'Église de se réconcilier, comme si ce ne serait pas se démentir et l'anéantir elle-même! L'Église de Dieu ! la gardienne et la colonne de la vérité unique, se réconcilier avec un système qui la découronne de ses privilèges, qui la dépouille de son trésor, qui lui arrache l'inspiration et l'institution divine, c'est-à-dire toute son essence et la jette dans le pêle-mêle des institutions humaines (1) ».

Un catholique peut-il sans manquer à sa foi, vouloir soustraire les consciences à la juridiction de l'Église ? Non, jamais. Peut-il professer

____

1. *Cas de conscience sur les libertés publiques*, p. 140, 2ᵉ éd.

que les différents cultes, dans leur rapport avec Dieu et le salut des âmes, méritent une égale protection ? Non, jamais. Peut-il invoquer, en ces termes, la liberté de conscience et s'en couvrir ? A Dieu ne plaise, ce serait un grand crime.

La réprobation de ce système est un devoir placé au-dessus de toutes les opinions. L'enseignement de l'Église est unanime et constant sur ce point capital. Voici comment le proclamait en 1832, le pape Grégoire XVI : « Nous avons maintenant à poursuivre une autre cause des maux dont nous voyons avec douleur l'Église affligée aujourd'hui. Nous voulons parler de l'indifférentisme, c'est-à-dire de ce système dépravé qui, *par la ruse des méchants*, cherche à pénétrer partout, qui montre le salut éternel comme pouvant être acquis dans toutes les croyances, pourvu que les mœurs soient bonnes et la conduite honnête. Mais il vous est facile, dans une question où la vérité vous est si connue et si évidente d'éloigner cette *erreur désastreuse* du milieu des peuples confiés à vos soins. Quand l'Apôtre nous déclare qu'il n'y a qu'un Dieu, qu'une foi, qu'un baptême, ceux-là doivent trembler qui osent soutenir que toute religion peut ouvrir la porte de la béatitude éternelle ; qu'ils sachent bien que, au témoignage du Sauveur lui-même, on est contre Jésus-Christ, par cela seul qu'on n'est pas avec Jésus-Christ ; que l'on disperse malheureusement tout quand on ne marche pas avec lui ; et que sans aucun doute, ils périront éternellement, ceux qui ne s'attachent pas à la foi catholique, ou ne la conservent pas entière et pure. Qu'ils écoutent saint Jérôme, qui, dans un temps où l'Église était déchirée par le schisme, répondait, sans varier à tous ceux qui voulaient l'attirer dans leur parti : « Je suis avec quiconque est uni à la Chaire de Pierre ». Que nul ne se repose sur ce qu'il a, comme les vrais fidèles, été régénéré par le baptême, car saint Augustin lui répondrait très bien : « Le sarment conserve sa forme primitive, même quand il a été séparé de la vigne, mais à quoi lui sert cette forme, s'il ne vit plus de la sève du tronc ? » — De cette source impure de l'indifférentisme est sortie cette autre erreur insensée ou plutôt *cet incroyable délire* qui attribue à chacun le droit de réclamer la liberté de conscience. Et cette aberration désastreuse est favorisée d'ailleurs par la liberté totale et démesurée des opinions qui porte partout le ravage dans l'Église et dans l'État, aux applaudissements de plusieurs qui osent prétendre qu'il en résulte quelque avantage pour la religion. Mais, dit saint Augustin, « quelle peste plus mortelle pour l'âme que la liberté de l'erreur ? » Car une fois que l'on a brisé les freins qui retiennent les hommes dans le sentier de la vérité, leur nature étant portée d'elle-même, à se précipiter dans le mal, on peut dire qu'alors s'ouvre ce puits de l'abîme d'où saint Jean vit sortir une fumée qui obscurcit le soleil, et du sein de laquelle s'élançaient des sauterelles pour ravager la terre. — Car c'est de là que naissent les égarements de l'esprit, la corruption toujours croissante de la jeunesse, le mépris des peuples pour tout ce qu'il y a de plus sacré dans les institutions et dans les lois, en un mot le fléau le plus terrible de la société ; puisqu'il est démontré par l'expérience, à partir de la plus haute antiquité, que les villes les plus florissantes par leurs richesses, leur puissance, leur gloire ont trouvé leur ruine dans la liberté excessive des systèmes, dans la licence des discours et dans le désir inconsidéré des innovations ».

Ces paroles solennelles et vraiment effrayantes frappent tous ceux qui ne veulent pas reconnaître dans les questions de conscience et les affaires de religion, l'autorité souveraine de l'Église, et qui n'ont d'autre juge qu'eux-mêmes. De ces gens-là, il a été dit : « Qui vous écoute m'écoute ; qui vous méprise me méprise » (Luc. X, 16). Cette même condamnation n'atteint-elle pas aussi, au moins indirectement, la liberté accordée à l'erreur dans l'ordre civil ? Certainement elle l'atteint, non pas avec la même rigueur, puisqu'elle souffre des exceptions de fait, mais elle la regrette et la blâme, au moins dans son principe et dans sa généralité. Aussi, après l'encyclique *Quanta cura* et le *Syllabus*, s'appuyant l'un et l'autre sur des décisions antérieures, il n'est plus permis d'enseigner ni même de croire qu'en général « à notre époque, il n'est plus utile que la Religion catholique soit considérée comme religion d'État, à l'exclusion de tous les autres cultes ; « ni qu'on a bien fait, en certains pays catholiques, de pourvoir par l'autorité de la loi », à ce que les étrangers qui s'y rendent y jouissent de l'exercice public de leurs cultes particuliers. » Enfin il n'est pas permis de nier « que la liberté civile de tous les cultes et que le plein pouvoir donné à tous, de manifester ouvertement et publiquement, toutes leurs pensées et toutes leurs opinions, gâtent plus facilement les mœurs et les esprits des peuples, et propagent la peste de l'indifférence ». Ces propositions ont été condamnées par Pie IX. Un catholique ne peut donc pas, sans aller contre l'enseignement formel et obligatoire du Saint-Siége, regarder la liberté civile des cultes comme un bien en soi, ni surtout comme un mieux, ou comme un progrès vers l'idéal.

L'encyclique *Libertas* frappe, à son tour, du gantelet Apostolique, cette pernicieuse liberté des cultes. « Cette liberté, dit Léon XIII, est contraire à la vertu de religion, en ce qu'il est loisible à chacun de professer telle religion qu'il lui plaît ou même de n'en professer aucune ». La religion est obligatoire ; n'en professer aucune, c'est une grossièreté misérable ou une horrible impiété. Une seule religion est obligatoire, la vraie, « celle que Dieu a prescrite et qu'il est aisé de distinguer, grâce à certains signes extérieurs, par lesquels la divine Providence a voulu la rendre reconnaissable ». Un chrétien qui la rejette, est un apostat ; la société ne lui doit rien à l'appui de son apostasie. Un infidèle, un hérétique, un schismastique, un juif, s'ils l'ignorent invinciblement, et sont attachés de bonne foi à l'erreur, méritent des égards, mais non pas protection contre les louables efforts du prosélytisme. Au contraire, ils sont tenus de rechercher la vraie religion et d'y entrer ; s'ils ont des mœurs pures, Dieu leur enverra plutôt un ange que de les abandonner, sans crime de leur part, dans les ténèbres de la réprobation.

Dans la société, continue Léon XIII, « cette liberté des cultes veut que l'État ne rende ou ne permette de rendre aucun culte public à Dieu ; que nulle religion ne soit préférée à l'autre ; que toutes soient considérées comme ayant les mêmes droits, sans même avoir égard au peuple, lors même que ce peuple fait profession de la foi catholique ». Par là, Léon-XIII, réitère les condamnations du Syllabus. De plus, il réfute les deux erreurs, dont l'une consiste à dire que l'État, comme tel, n'a point de religion ; l'autre, que l'État n'est pas tenu de reconnaître et de professer la vraie religion. L'État est obligé de reconnaître une religion, parce qu'il est une création de Dieu, et que, sous peine de voir périr sa constitution, ses lois, ses mœurs, il doit professer, envers le Créateur, son entière dépendance. L'État est obligé de professer la vraie religion ; c'est la seule qui soit obligatoire et efficace, la seule par quoi l'État remplit son devoir envers la divinité, et reçoit en retour l'abondance des bénédictions. Dieu lui fait d'ailleurs un devoir exprès de la défendre ; s'il a remis au prince un glaive, c'est d'abord pour que ce glaive soit au service de Dieu et inspire la terreur à ses ennemis. Entre Dieu et la société il y a une sorte de pacte qu'une vieille gravure résume dans ces deux énergiques paroles : *Defende, tuebor*.

Sous prétexte que l'État n'a pas à s'occuper de la fin spirituelle de l'homme, on a souvent méconnu et violé le devoir de l'État, de défendre l'Église et de protéger la religion. Pourtant c'est sa plus noble fonction et le premier de ses devoirs. En admettant que l'État soit borné à la fin temporelle et au service des intérêts passagers, ce serait encore pour lui un bienfait de faire régner la religion et de la défendre. « Chose étonnante, disait Montesquieu, qui n'était par dévot, la religion, qui semble n'avoir d'autre but que notre bonheur dans l'autre vie, fait encore notre félicité dans celle-ci ». C'est elle, en effet, qui maintient le pouvoir dans les justes bornes, inspire aux sujets une digne obéissance, règle la famille et inspire, à la société, je ne sais quelle grâce qui se fait sentir partout. Mais Léon XIII, tout en signalant ces avantages terrestres, insiste comme il sied à un pape, sur le devoir pressant de protéger la vraie religion. « La puissance publique, dit-il, a été établie pour l'utilité de ceux qui sont gouvernés et quoiqu'elle n'ait pour fin prochaine que de conduire les hommes à la prospérité de la vie terrestre, c'est pourtant un devoir pour elle de ne point diminuer, mais d'accroître, au contraire, pour l'homme, la faculté d'atteindre à ce bien suprême et souverain dans lequel consiste l'éternelle félicité des hommes : ce qui devient impossible sans la religion ». En d'autres termes, l'État ne doit pas laisser mourir l'homme de faim, mais il doit encore moins le faire crever de vices et courir à la réprobation éternelle.

En définitive, avec la liberté, même simplement relative des cultes, l'État ne se borne pas à négliger le premier de ses devoirs, le soin spirituel de l'homme, il se précipite à toutes les déformations, à tous les excès de pouvoir, à tous les malheurs de la société.

Le premier fait qui résulte de cette liberté des cultes, c'est l'indifférence affectée du pouvoir, au regard de toute religion. Nous ne disons pas l'indifférence de la personne dépositaire du pouvoir : nous ne croyons pas à cet état léthargique d'indifférence : mais l'indifférence du pouvoir souverain, qui n'admet au banquet de la vie sociale, différents cultes, qu'autant qu'il les tient pour politiquement inoffensifs. Quel que soit le nombre des adhérents d'un culte séparé, s'il était réputé socialement dangereux, au lieu de lui accorder la liberté, on ne lui concéderait qu'une tolérance restreinte. L'égalité constitutionnelle suppose l'innocuité politique ; cette égalité s'identifie avec l'indifférence. Mais l'indifférentisme n'est pas une chimère qui réside sur des nuages aériens, c'est une réalité vivace qui s'étend à toutes les sphères de la vie publique. L'indifférence passe donc des institutions aux hommes. Sous le souffle délétère du temps, ils deviennent des espèces de Chinois, soucieux de leur ventre, contempteurs résolus des choses de l'esprit. Et bientôt le matérialisme des mœurs engendre chez eux quelque chose qui n'est plus de l'indifférence, mais une disposition moins favorable, ou plutôt radicalement hostile envers ces deux étrangères qu'on appelle... la vérité et la vertu.

Au fait, suivant une juste remarque du P. Debreyne, « un État qui n'est pas catholique, est nécessairement hérétique, schismatique, rationaliste, déiste, impie, athée. Or, il est dans la nature d'un pareil gouvernement de refuser à l'Église les libertés nécessaires ou de les persécuter d'une manière quelconque. Il ne peut pas ne pas le faire ; il le

fera à son su et insu, et peut-être malgré lui ; mais enfin il le fera :
c'est, je le répète, dans son instinct et dans sa nature ; c'est pour lui
une raison d'être, un moyen de conservation, une nécessité inéluctable.
Un tel gouvernement est donc fatalement poussé à travailler à la destruction du catholicisme ».

La liberté relative des cultes n'est pas moins pernicieuse à l'État qu'à
l'Église : elle le sape par la base. En reconnaissant légalement plusieurs religions, la société ne se déclare pas positivement athée ; elle
se tient pour incompétente en matière de doctrines, ce qui est vrai ;
mais, de ce principe vrai, elle tire une conséquence très fausse, lorsqu'elle se résigne à ne s'appuyer désormais que sur les principes naturels de l'ordre social, non seulement sur l'essor des intérêts, mais sur
l'élan des passions et l'antagonisme des appétits. Alors le pouvoir, la
propriété, le mariage, la famille ne sont plus fondés sur la loi divine,
mais seulement sur la loi humaine. Or, ce que les hommes ont fait,
d'autres peuvent le défaire. Légalement, dit encore le P. Debreyne, ils
pourront et voudront faire des lois nouvelles, peut-être même une loi
agraire. Et ils le feront infailliblement, s'ils deviennent les plus forts.
La société sera donc abandonnée aux éventualités du hasard, c'est-à-dire
aux chances de la force brutale, devenue le droit public de la nation (1) ».
La force prime le droit.

Cet ébranlement des institutions est fatal aux hommes, la liberté
des cultes est d'ailleurs très préjudiciable aux particuliers. L'homme
incline aisément au mal : c'est un fait : et si l'influence extérieure de
l'exemple s'ajoute à l'entraînement des passions, il tombe promptement
sous le joug du vice. La force de résistance à ces emportements est
dans la foi religieuse ; la religion seule a le secret d'armer l'homme
contre lui-même et de lui faire remporter ces victoires où il est en
même temps, glorieux vainqueur et heureux vaincu. Réunissez maintenant, sous un même sceptre, des hommes professant des cultes contradictoires. Cet assemblage forme une leçon muette d'incrédulité. Comment vivre côte à côte habituellement avec des hérétiques, des schismatiques, des apostats, des excommuniés, des juifs, des infidèles, et
garder la virginité de ses sentiments. La foi s'étiole et meurt, le doute
arrive, l'incrédulité monte à toutes les têtes, descend dans tous les cœurs.
Laissez au temps le soin de féconder ces semailles impies. Les âmes
emportées par des courants furieux, arriveront à bref délai aux dernières extrémités. C'est l'avachissement de l'espèce humaine. Notre civi-

____

1. Debreyne, *Le salut de la France*, passim.

lisation si fière de ses conquêtes, vogue sur un océan dont chaque vague cache un écueil, dont chaque nuage apporte une tempête.

Ensuite notre liberté des cultes laisse la faculté de ne professer aucune religion, et c'est une ignominie que ne connut pas même le paganisme. Ainsi, un Français peut naître, vivre et mourir en dehors de tout culte positif ; ce qu'il pense sur sa destinée ou ce qu'il ne pense pas est son affaire ; il lui est loisible de ne tenir aucun compte de son âme immortelle et de se claquemurer comme un animal, dans l'étroit horizon des sens. Les registres de l'état civil suffisent à tous les besoins de cet homme déchu ; la loi ne s'inquiète pas des mœurs ; elle ne réprime que les attentats et encore. Des milliers, des millions d'hommes peut-être, libres de tout frein religieux, de toute lumière divine, de toute loi surnaturelle, se bornent donc aux grâces et aux sacrements du Code civil ; il s'en trouve pour refuser à leurs enfants l'initiation chrétienne. Ces enfants de nature impure donneront naissance à des fils semblables à eux et ainsi de suite dans une progression ascendante. Une société baptisée, qui laisse à ses membres une telle latitude, est une société lassée de vivre. Des êtres apostats de toute religion, sont des êtres haineux, délibérément ennemis de tout ordre. Le glaive peut leur imposer momentanément un respect hypocrite ; mais en rampant devant le glaive, ils arrivent jusqu'aux pieds de celui qui le porte et, d'un mouvement sauvage, lui arrachent son arme pour tourner contre lui l'épée destinée à le défendre. L'impiété positive, c'est la révolution en permanence.

Enfin la liberté des cultes aboutit à une impossibilité. Entre une religion vraie qui veut nécessairement s'étendre et des religions fausses qui veulent, non moins nécessairement l'attaquer, la paix est impossible. La guerre civile est l'effet naturel de la libre profession de toutes les croyances ; et la persécution de la vérité, son dernier mot. On propose comme contre-poids, la douceur de nos mœurs. Illusion ! Nos mœurs ne sont pas douces, elles sont molles, et leur mollesse n'exclut pas la férocité. De là, ces convulsions fréquentes, ces séditions intérieures, ces guerres plus que civiles ; de là, cet état de guerre qui met en Europe, vingt millions d'hommes sous les armes. Voyez, au surplus, comment s'opère la séparation entre tout ce qui est resté catholique et tout ce qui a cessé de l'être. Nabuchodonosor est déjà sur son char ; il tourne ses regards avides vers les temples de Sion. Dans cette armée de l'apostasie, les soldats sont innombrables ; le premier choc sera terrible : Bismarck, le plus grand homicide de l'histoire, a dit d'avance que ce sera une *saignée à blanc* : c'est le mot à jamais exécrable, de cet homme, qui n'a pas encore été pendu. Anges du Seigneur, veillez sur les enfants de Dieu, et vous Seigneur, abrégez les épreuves.

Je traite longuement de la liberté des cultes, parce que c'est, dans tous les temps, la première question de droit ; et parce qu'aujourd'hui, c'est la première cause de nos catastrophes. Oui, nos espérances sont vaines et nos rêves puérils. Des sophistes, dans leur dédain superbe, jetaient, naguère encore, l'insulte aux siècles assez nobles pour préférer à tout, les intérêts des âmes. « Des guerres de religion, disaient-ils, sont des luttes atroces, qui déshonorent les temps de barbarie. L'élégant nourrisson des sociétés modernes a le cœur trop délicat et l'esprit trop haut, pour ne pas fuir l'âcre odeur du sang répandu. Devant les progrès de nos industries, le monde présent va devenir un paradis terrestre ». Comme si se battre pour le commerce du poivre ou pour le débit de l'opium, c'était plus noble que de se battre pour la croix du Christ ou pour le tombeau du Sauveur. Ces dithyrambes saugrenus n'étaient pas à leurs derniers écarts, que déjà les glaives sortaient des fourreaux, et l'Europe se voyait convertie en champ de carnage. Guerres pour ou contre la propriété ; pour ou contre la souveraineté, pour ou contre l'agrandissement des dynasties et l'accroissement des nationalités ; sans doute, mais guerres de religion, philosophe, entendez-vous ? Oui, ces guerres ont la religion pour mobile, puisque la propriété, la souveraineté, les sociétés sont des institutions positives de Dieu. Oui, toutes nos guerres sont guerres de religion, et c'est ce qui les relèvera devant l'histoire. Seulement nous sommes déchus jusque dans nos passions ; au lieu de nous battre pour les principes, nous nous battons pour les conséquences ; nous ne tirons plus l'épée pour l'autel ; il faut la tirer pour le trône des rois et pour l'héritage des particuliers. On ramassera les dernières victimes de nos discordes près de la borne d'un champ.

La liberté de la presse.

XXV. — La liberté de la presse est à la société civile, ce qu'est, à la société religieuse, la liberté des cultes : c'est la liberté laissée aux individus d'entendre, comme bon leur semble, le devoir envers la société, et de prêcher leur opinion par la parole ou par la plume. En d'autres termes, la liberté de la presse est l'instrument le plus actif de la démolition sociale ; c'est, en même temps, un droit auquel tient le plus l'homme d'aujourd'hui. En vertu de son autonomie personnelle, il entend ne laisser debout dans la société, que des institutions de sa création et à sa convenance. Au seul mot de presse, on va nous citer les merveilles de l'imprimerie, la multiplication des livres, la diffusion des lumières, les progrès dans tous les genres, choses relativement bonnes, mais d'une bonté qui a ses revers. On s'échauffe aisément là-dessus. Comment donc ? avec une plume on soulève les peuples, on fait trembler les tyrans, on abat les dynasties... on abattrait les pyramides. C'est oublier tristement l'état des sociétés modernes ; c'est n'envisager qu'un côté du gros problème qu'il pose ; et encore n'est-ce l'envisager que sous le mirage des préjugés et dans le vague enchanteur des théories fausses. L'homme n'a aucun droit contre Dieu ; il n'en a individuellement, que de fort restreints contre les institutions sociales. Quant à la liberté, pleine et entière de les démolir, — et c'est plus ou moins, le cas de la presse, il ne faut voir là, avec Grégoire XVI qu'une *liberté funeste dont on ne peut avoir assez d'horreur.* Si tout le monde a le droit de mettre la sape et la mine à la racine des services publics, autant vaut retourner tout de suite dans les forêts.

L'homme n'est pas fait pour lire ni pour écrire. « L'escrivaillerie, disait Montaigne, est l'emblesme d'un peuple desbordé ». La plus grande partie des humains doit manger son pain à la sueur de son front ; et, pour gagner ce pain de chaque jour, elle a besoin de faire la guerre à la parcimonie de la nature. Qu'il y ait, dans la société, un certain nombre de sujets d'élite, voués par leurs talents et la vocation de la Providence, aux fonctions saintes et aux services publics ; que, dans cet élite, quelques-uns se livrent exclusivement à la culture des sciences, des arts et des lettres, ce n'est pas nous qui songerions à le contester. Que, par le progrès de l'agriculture, de l'industrie, du commerce et de la richesse nationale, un plus grand nombre puisse cultiver les arts de la paix ou en goûter les douceurs, on peut l'admettre sans discussion. Mais, qu'au sein d'un peuple, on ne songe plus qu'à écrire et à disputer, à salir le papier et les esprits, à précipiter les âmes à ces luttes qui servent aux démons, de châtiments, non, non, non. Ce n'est pas la lecture humaine, c'est la parole divine qui donne la vie. La parole de Dieu descend dans les âmes par les illuminations intérieures d'en haut et par le ministère apostolique. La lecture devenue, comme aujourd'hui, fait social et universel, substitue, à la parole de Dieu, la parole de l'homme : c'est le renversement de l'ordre traditionnel. On ne peut pas plus mettre les lectures partout, qu'on n'y peut mettre le feu. La lumière est bien à sa place, le feu aussi ; ailleurs ils éblouissent, ils aveuglent et allument des incendies. L'écrivain, qui usurpe une fonction spirituelle, diminue et à la fin détruit l'apôtre ; le lecteur, qui s'arroge par lui-même et pour lui-même, l'appréciation des doctrines, fait acte de défection et de révolte. A la vie succède le marasme.

L'apôtre, dira-t-on, peut faire du livre, un écho de la chaire et lutter à armes égales dans le champ clos de la publicité. « La presse, disait emphatiquement Lacordaire, est comme la lance d'Achille ; elle guérit les plaies qu'elle fait ». A ces emphases nous opposerons deux faits certains : 1° le nombre des mauvais livres sera toujours plus considérable que celui des bons ; et 2°, en supposant égalité de nombre, un mauvais livre aura toujours, pour faire le mal, plus de crédit et de puissance qu'un bon ouvrage, pour l'empêcher.

Autrefois, il y avait très peu d'écrivains et un très petit nombre de ce petit nombre était impie. La science était une noble culture, réservée à de nobles esprits, qui savaient rendre hommage au Dieu des sciences. Aujourd'hui la science est meurtrière, la philosophie anarchique, la littérature séditieuse, la langue barbare. Nos savants ne sont plus ces vénérables personnages des temps anciens, ces initiateurs des peuples, ces génies constituants, que l'histoire et la légende ont placés, dans l'estime du genre humain un peu au-dessous du prêtre. C'est un peuple de conjurés ; leurs livres sont bourrés de matières inflammables : ils ressemblent à des phares allumés sur des écueils ; le matelot qui vient y chercher le port, y trouve le naufrage. Leurs prétentions, au surplus, n'ont pas de limites. Même aux débuts de ce siècle, les gens de lettres n'affichaient pas la prétention de gouverner les États ; ils se contentaient d'en charmer les loisirs et d'en honorer les services. Depuis on a vu, sans étonnement, la monarchie défaillir, prendre pour ministres d'État, des professeurs ; l'Empire, des avocats ; la république, des médecins et surtout des vétérinaires. A notre humble avis, l'avénement des gens de lettres au gouvernement des États, est une grande chute. Ce n'est pas à la science pure à conduire les hommes ; rien de ce qui est nécessaire ne doit lui être confié. C'est au clergé, c'est aux nobles, c'est aux grandes familles, aux grands officiers de l'État, à être les dépositaires et à rester les gardiens des vérités conservatrices. Que peut-il advenir si le pouvoir passe aux notables de la phraséurgie, et si le gouvernement passe aux mains d'une science encore plus corrompue qu'incertaine. De là bientôt cette multiplication des gens de lettres et des mauvais livres ; de là cette diminution de la vérité, cette propagation des plus insolentes doctrines, prélude ordinaire de la décadence des peuples.

Même quand les bons livres seraient aussi nombreux que les mauvais, les mauvais exerceraient quand même la plus néfaste influence.

L'homme, sans doute, a été créé pour la claire vue de Dieu et rien ne l'attire comme le resplendissement de la vérité. Au fond de l'abîme de sa déchéance, il garde une soif du vrai, qui l'anime dans toutes ses recherches, le lance à la poursuite de toutes les lueurs et le comble de joie dès qu'il peut contempler une vérité, une seule, dans son radieux isolement. Mais autre chose est de contempler la vérité spéculative, autre chose est d'aimer la vérité impérative ; autant la première nous captivait par ses splendeurs, autant la seconde nous repousse par ses exigences. Hélas ! cette vérité que nous encensons, tant qu'elle reste comme une reine sur son trône, nous l'écartons comme une importune messagère, dès qu'elle s'approche de nous le front couronné d'épines et la croix à la main.

C'est à des livres inspirés de Dieu que remonte l'honneur de toutes les grandes civilisations ; c'est à des livres imprégnés de l'esprit et des passions des hommes que sont imputables toutes les grandes ruines. Pour ne pas sortir de France, au dernier siècle, ce sont presque uniquement les mauvais livres qui ébranlèrent les croyances, renversèrent les principes, dégoûtèrent des devoirs, irritèrent contre les supériorités, brisèrent les liens religieux et sociaux, préparèrent enfin cette anarchie sanglante qui souille les pages de notre histoire, et lui a fait des plaies dont, après un siècle, elle peut mourir.

Dans le présent, le mal a pris un caractère nouveau. Ce siècle qui, dans son fol orgueil, s'appelait siècle des lumières, a été comme les philosophes rebelles du paganisme, livré aux ténèbres de son esprit et aux désirs dépravés de son cœur. La raison soi-disant émancipée, a passé son sceptre à l'imagination ; les sens, heureux de ce désordre, ont fait, de l'imagination, leur humble servante. Le développement anormal de l'industrie et le mouvement rétrograde des idées ont poussé au luxe, réclamées par les passions. Enfin le socialisme, avec tous ses systèmes, s'est présenté comme mise en œuvre de ces idées, débouché de cette industrie, satisfaction accordée largement à tous les désirs de la chair. Avec l'affaiblissement de la raison publique et l'éveil des convoitises, les bons livres, qui pour être tel, doivent être judicieux et moraux, n'ont qu'une faible chance de succès. Ceux qui auraient le plus besoin de les lire, les prendront en horreur. L'absurde et l'ignoble sont trop en faveur pour que le vrai, le juste et le bien gardent le privilége de bon accueil.

La presse s'est prêtée bien vite à cet amollissement des mœurs. Aux ouvrages de longue haleine est venue se joindre le journal, qui les a, pour beaucoup de lecteurs, presque tous remplacés. Au lieu de composer, chacun à son choix, des bibliothèques permanentes, on s'abonne, selon ses goûts, à des feuilles éphémères. Le premier besoin de ces feuil-

lés, c'est d'avoir des lecteurs, et le moyen presque universellement
employé pour avoir des lecteurs, c'est de flatter les passions. Or, flatter
les passions, c'est tout à la fois tromper et corrompre. Le journal qui
n'est pas soumis aux inflexibles principes de la conscience chrétienne, se
nourrit donc naturellement et nourrit les peuples de mensonge et de dépravation. Vous voyez par là combien ce poison acquiert d'activité et par
la malice de ceux qui le préparent et par la faiblesse de ceux qui se plai-
sent à le boire.

Autrefois, dit Mgr Parisis, l'auteur d'un mauvais livre n'était
porté à l'écrire et à le mettre au jour que par sa disposition personnelle. Il n'y avait, le plus souvent, pour le stimuler au mal ni besoin
du moment, ni engagement contracté ; en sorte que, dans cette compo-
sition faite à loisir, cet auteur pouvait être plus ou moins redressé par
sa conscience ou arrêté par sa réflexion. — Mais pour le journaliste,
et surtout pour le feuilletoniste, il n'en est pas ainsi. C'est avec les passions publiques que l'engagement est pris ; or, ces passions ressemblent
trait pour trait, à ces horribles filles de Babylone dont parle l'Écriture,
et qui disent toujours : Apporte, apporte ! — Si le journal est irréligieux,
et la plupart le sont, il faut, chaque jour, à ses lecteurs habituels, quelque dose d'impiété ; et si en même temps, comme il arrive presque toujours, il est immoral, il faut encore à leur avidité journalière, quelque
aliment impur, ou, du moins, quelques satisfactions sensualistes. Il importe peu d'examiner jusqu'à quel point l'irréligion et l'immoralité sont
embellies et déguisées par les formes du langage. Pour qu'un journal
soit tel que nous le dépeignons, il suffit qu'habituellement il tende à dé-
précier ce qui tient proprement à la pureté morale et chrétienne, pour
mettre en relief ce qui peut flatter l'indépendance de l'esprit et les mauvaises concupiscences. Les rédacteurs le savent ; ils savent que ce double
appât, offert régulièrement aux abonnés, qui les font vivre, la concur-
rence de quelques feuilles plus fécondes en perversité, leur devien-
draient préjudiciables. Il faut donc, chaque jour, non plus seulement par
attrait personnel, mais par nécessité de position, faire à tout prix de
l'irréligion et de l'immoralité. Les bureaux de rédaction de ces feuilles
malheureuses ressemblent à ces vastes usines où la volonté de l'homme
vient se soumettre au mouvement continuel d'un mécanisme dominateur,
de telle sorte qu'en y mettant la main, il en devient l'auxiliaire. La
machine est montée pour fabriquer constamment des articles impies ou
immoraux, comme ailleurs elle est organisée pour façonner des métaux
ou des tissus. De part et d'autres ce sont des produits, c'est une entreprise, c'est un état.

« Non, jamais, depuis le règne du paganisme, rien de plus audacieux ni de plus corrupteur, n'avait été imaginé. Et cependant ce n'est pas là le côté le plus effrayant de la position. C'est ainsi que le poison se prépare ; il faut voir maintenant comment il opère. Représentons-nous plusieurs millions de personnes de tout sexe, de toute condition, à qui chaque jour, ces poisons de l'âme arrivent tout préparés, à leur domicile, sur tous les points de la France ; qui les reçoivent dans leurs mains sans se déplacer ; qui les acceptent avec satisfaction, parce qu'ils les ont demandés et payés d'avance ; qui s'en repaissent aussitôt avec avidité, parce qu'ils s'en sont fait une habitude et un besoin. — Remarquons que ceux qui nourrissent ainsi chaque jour leur intelligence et leur cœur de pensées irréligieuses et de sentiments coupables, sont, pour la plupart, arrivés à l'âge mur, à cet âge en qui doivent se résumer toutes les réflexions graves et toutes les affaires importantes de la vie ; à cet âge qui, entr'autres devoirs, est chargé de former la famille et de diriger la société toute entière à ses degrés divers. — Remarquons encore que l'excessive activité dans laquelle on est jeté aujourd'hui, laisse à chacun très peu de loisir, et que ce peu d'heure est absorbé par la lecture du journal. De là, pour ceux mêmes à qui la réflexion est le plus indispensable, l'impossibilité presque absolue de réfléchir et d'avoir des idées à soi, sur ce qui n'est pas terrestre et matériel. De là, le dégoût de toute considération sérieuse et de toute lecture prolongée. De là, sous le vernis d'une érudition d'autant plus vaniteuse qu'elle est plus vaine, l'ignorance la plus crasse de tout ce qu'il y a, pour les chrétiens, de plus nécessaire à savoir.

« Un peuple qui ne lit plus que des journaux, n'est plus du côté de l'intelligence, qu'un peuple de mendiants, tendant la main au premier venu, pour obtenir quelques miettes de ce pain de la vérité, que nous cherchons tous ; lors même que, par quelque fatale illusion, nous courons après le mensonge. Oui, c'est là que l'on tombe, par la lecture habituelle de ces feuilletons abominables, dont on voit avec tant de plaisir et tant d'empressement, arriver chaque jour un lambeau inconnu, que l'on dévore aussitôt sans savoir ce qu'il est, uniquement parce que l'on espère y trouver des émotions pour les sens, des outrages pour la vertu, et je ne sais quel galvanisme pour la raison. Puis, quand on a fini ce festin licencieux, on en savoure le souvenir, en attendant celui du lendemain, que l'on dévorera de même ; et ainsi les jours suivants et ainsi de tous les jours ; tellement que quelque chose manque à la journée quand on n'y a pas eu cette ignoble pâture ; tant la fièvre du mal s'accroît par l'action continuelle de ces récits lubriques et de ces tableaux désordonnés ; tant les raffinements excitateurs de ce qu'on a nommé le roman-feuilleton, entretiennent dans les âmes faites à l'image de Dieu un appétit insatiable pour cette nourriture immonde. — Que peut-on faire, que ne peut-on pas craindre d'un peuple jeté ainsi dans un état permanent de surexcitation délirante ? Comment le rendre seulement attentif à quelque considération morale ; et comment surtout, dans un moment de crise, comprimer les passions dont on aura enflammé toutes les exigences naturelles, en les entretenant d'avance dans l'idéal de tous les excès (1) ? »

Certes, cette dépravation par la presse, cette corruption par le roman, c'est un grand mal ; cependant il y a pire. Il y a pire corruption que celle des sens ; il y a celle de l'esprit ; il y a l'esprit d'impiété et de subversion révolutionnaire, qui s'étale dans les livres et fait fureur dans les journaux. C'est là qu'on méprise hautement, avec rage, toute religion ; c'est là qu'on fait la guerre à Dieu ; c'est là que, par le mépris de toute révélation divine, on pousse au renversement de toute autorité, à la subversion de tout ordre. Telle est, en effet, la tactique et la pratique de tout ce vil ramas de journaux, qui croit représenter la vraie civilisation, celle qui nous délivrera du Christ et de son Évangile, celle qui nous livrera à toutes les abjections de la libre pensée. Dans le but et l'espoir de faire, comme on dit, table rase, ces feuilles n'excusent pas seulement la crapule, mais la plus vile impiété. Leur unique savoir, c'est la calomnie ; leur unique raison, l'injure ; leur unique morale, la persévérance dans l'attaque. De tels procédés de discussion rendent impossible toute controverse. On a devant soi, quelque chose comme un attentat à la pudeur d'une jeune fille, ou une corruption d'enfant mineur, car le peuple est un éternel enfant, et vous n'avez même pas la ressource de crier : A la garde ! En présence de ce débordement d'iniquités monstrueuses, les plumes honnêtes doivent toujours craindre de provoquer de plus furieuses répliques. Dans cette mêlée des esprits, dont l'autorité est absente et où il n'y a pas de contrôle, le dé de la conversation appartient, sans conteste, aux fous et aux scélérats. Une publicité popularisée colporte ces feuilles de mauvais lieux. Dans les plus humbles villages, un malheureux, affublé d'une casquette originale et armé d'un petit clairon, vous débite, au coin des rues, l'étiquette des poisons dont son journal contient la capsule ouverte. Les jeunes filles, les enfants mêmes, les achètent ; le soir, les buveurs les commentent dans les tabagies, le verre en main, avec l'infaillibilité et la frénésie de fortes libations. Ces journaux, tachés de lie, courent les ateliers des villes,

____
1. Mgr Parisis, *Cas de conscience sur les libertés publiques*, 2ᵉ édit., p. 68.

inondent nos pauvres campagnes, corrompent irrémédiablement les
populations les moins cultivées, et serviront peut-être, un jour, à bour-
rer les fusils de l'insurrection ou de la guerre civile.

Or, les peuples ne tombent pas seulement sous les coups du glaive,
mais sous les coups de l'erreur et de la corruption. Quand vous descen-
dez au cœur des nations contemporaines, pour vous enquérir de leur
vitalité, vous êtes frappé d'une stupeur, qui emprunte à la gravité du
péril, je ne sais quoi de solennel. Les livres de vrai savoir existent encore, ils servent d'aliment aux esprits sérieux, à ceux qu'on croit flétrir en les appelant cléricaux ou réactionnaires. Les ouvrages même de
littérature facile et de forme attrayante, ne tombent pas sous la coupe de
l'opinion. La fureur est aux histoires secrètes, aux chroniques galantes,
aux souvenirs intimes, aux impressions personnelles, aux mémoires
menteurs et aux biographies glorieuses. La presse, esclave de la vogue
et plus esclave encore de sa bassesse, verse, dans les entrailles du peuple, les plus terribles poisons. Vous croiriez à un concert de toutes les
nations européennes pour accélérer leur propre destruction. La France,
toute puissante pour le mal comme pour le bien, remplit, par le prosélytisme de son caractère et la magistrature de sa langue, un horrible
ministère de ruine. Nos livres sont de la dynamite imprimée ; nos
presses sont des machines de guerre qui lancent les plus épouvantables
projectiles. Depuis soixante ans, les ouvrages les plus impies et les plus
immoraux du XVIe et du XVIIIe siècle, exhumés de l'oubli et rendus plus
infâmes par le luxe sacrilège de la typographie et le cynisme de la gravure, ont revu le jour sous toutes les formes. Aux publications anciennes
répandues par millions, est venu se joindre ce déluge de productions
nouvelles, qui surpassent en corruption, tout ce que peuvent inventer
l'imagination la plus dévergondée, l'intelligence la plus pervertie. Et
afin que ces horreurs d'infections s'infiltrent plus promptement jusqu'au
cœur des peuples, un art infernal multiplie à vil prix ces productions
immondes. C'est un débordement des égouts de la civilisation. En voyant
passer ce flot de fange, on se prend à répéter le mot de Goethe expi-
rant : La nuit, la grande nuit !

Les Papes, depuis Léon X, ont toujours combattu la liberté de la
presse : ils ont glorifié l'imprimerie, honoré la science, prisé le zèle,
mais ils ont réprouvé les abus criminels de la pensée et de la parole.
Il ne serait pas difficile d'écrire le livre de leurs anathèmes. Léon XIII
marche sur les traces de ses devanciers ; il combat la presse par les raisons suivantes : 1° Cette liberté ne saurait être un droit : car la vérité
seul a le droit d'être prudemment proclamée et propagée ; le mensonge

n'a aucun droit; et, loin de lui laisser toute liberté de se répandre, le pouvoir est, au contraire, obligé de le réprimer; 2° La liberté, laissée à la propagation de l'erreur et du mal, constitue un attentat contre la dignité de quiconque est dans l'impossibilité de se défendre contre la séduction des fausses doctrines : c'est l'oppression des faibles; 3° Les passions qui se rallient d'elles-mêmes à toutes les erreurs, mettent à leur service, une puissance formidable, que le pouvoir, sous peine de trahison, doit contrebalancer. Autrement la partie la plus nombreuse et la plus intéressante de la population, ou ne se défendra pas, ou ne le pourra qu'avec d'énormes difficultés; 4° L'expérience montre qu'avec la liberté effrénée de la presse, rien n'est épargné, ni dogme, ni morale, ni État, ni Église, rien, pas même ces vérités premières, fondement nécessaire des États.

Naturellement, s'il s'agit de matières libres, laissées par Dieu aux disputes des hommes, « il est permis à chacun, dit Léon XIII, de se former une opinion et de l'exprimer librement ». Cette liberté est même souvent « une occasion de rechercher la vérité et de la faire connaître. » En discutant les opinions, on les confirme ou on les rejette et l'on maintient l'hygiène de l'esprit : *Opinionum commenta delet dies, naturæ oracula confirmat*, disait Sénèque. Cela est tellement clair, que cela n'avait pas besoin d'être dit. Mais comprend-on cette passion libérale qui a voulu voir, dans une observation de simple bon sens, un appoint pour le libéralisme. Le libéralisme n'est pas une affaire d'opinion libre, c'est une doctrine réprouvée, hérétique, attentatoire à l'ordre chrétien. Si c'était une simple opinion, il serait bien inutile d'en parler. Les opinions sont libres, dans les limites de la prudence, de la raison et de la foi, sans aucun doute; mais une opinion qui veut modestement se mettre à la place de la religion et de l'Église pour gouverner le genre humain et assurer son bonheur, à qui fera-t-on croire que c'est une opinion libre, amnistiée même par le Pape, qu'elle veut moralement détrôner ?

Non, la liberté des cultes, la liberté de la presse, la liberté d'enseignement, la liberté de pensée et de conscience, dans le sens et dans les limites où nous en avons parlé, ne peuvent s'honorer de l'approbation d'un pape, ni recevoir l'adhésion des honnêtes gens. Ce sont, en pratique les principes mêmes de la révolution ; ce sont les armes avec lesquelles sa colère entend détruire tout l'ordre chrétien. L'Église et le Saint-Siège, rejetés sur la défensive, repoussent énergiquement ces assauts ; et s'il se trouve parmi les fidèles, quelqu'un pour s'entendre avec l'ennemi,

eh bien ! c'est un traître et il faut le fusiller, au moins avec nos plumes.
C'est une mesure de salut public.

La royauté de Jésus-Christ.

XXVI. — La vérité fondamentale qu'il faut opposer à toutes les aberrations contemporaines, c'est la royauté de Jésus-Christ.

Jusqu'à la fin du dernier siècle, la société européenne reconnaissait
unanimement, comme base de ses institutions, les lois de l'Évangile. Au
xvie siècle, plusieurs peuples s'étaient révoltés contre le pontife romain,
et, par là, avaient préparé les voies à la destruction de la royauté du
Christ ; cependant, même rebelles, ils faisaient encore profession de les
vénérer. Mais voilà qu'au dernier siècle, une conspiration infernale réussit à renverser la divine base sur laquelle reposait, depuis quatorze siècles, la société chrétienne. C'est l'œuvre caractéristique de la révolution.
Sans doute, elle s'est attaquée à la forme du gouvernement et aux bases
naturelles de l'ordre social ; cependant elle a voulu surtout détruire
la base religieuse des institutions sociales et des pouvoirs politiques.
Cette sécularisation de l'ordre civil, essayée par les Césars d'Allemagne
et par les rois de France, la démocratie révolutionnaire l'a consommée.
« Sous le nom de liberté des cultes, dit le P. Ramière, elle a établi entre la
société et la religion, une séparation complète. Jésus-Christ a donc été
mis hors la loi ; les pouvoirs humains, en refusant de rester soumis à
son autorité divine, ont renoncé à l'appui dont ils lui étaient redevables.
Les droits de Dieu ont été, dès lors, aux yeux des pouvoirs publics,
comme non avenus, et les droits de l'homme n'ont plus eu de sanction
supérieure à l'homme. La société a cessé d'être chrétienne ; et, dès ce
moment, elle a dû renoncer à la stabilité que ses lois et ses institutions
empruntaient aux dogmes chrétiens (1) ».

Or, c'est un dogme de foi que Jésus-Christ possède, sur les sociétés
civiles, aussi bien que sur les individus, une autorité souveraine. Par
conséquent, les sociétés civiles, dans leur existence commune et leur action collective, aussi bien que les individus dans leur conduite privée,
sont tenus de se soumettre à Jésus-Christ et d'observer ses lois. Il ne
s'agit pas ici de la royauté temporelle de l'Homme-Dieu. Nous considérons le Sauveur, non pas dans l'abîme de ses humiliations, mais dans
les splendeurs de sa gloire. Même dans sa vie mortelle, Jésus-Christ
était un souverain élevé au-dessus de toutes les puissances de la terre ;
à son seul nom, elles devaient fléchir le genou et adorer. Mais la royauté
spirituelle suffit pour établir sa royauté sur toutes les nations.

1. RAMIÈRE, *Les doctrines romaines et le libéralisme*, p. 36.

La souveraineté spirituelle de l'Homme-Dieu découle de sa divinité. Jésus-Christ est Dieu. La souveraineté sur toutes choses n'est-elle pas un des attributs de la divinité ? Évidemment oui ; Dieu est le souverain Seigneur. S'il s'est incarné, s'il a communiqué tous ses attributs et tous ses droits à la nature humaine, il n'a pas pu lui refuser, en sa personne, la souveraineté. Il faut nier la divinité de Jésus-Christ ou reconnaître qu'il est, comme Homme-Dieu, le roi de tout ce qui existe, des sociétés civiles, comme des familles ou des individus.

Le Fils de Dieu, en devenant homme, est nécessairement devenu le chef de l'humanité. Centre commun de la création, anneau divin par lequel les créatures s'unissent au Créateur, terme de tous les desseins et de tous les travaux de la Providence, il est le but suprême des vœux miséricordieux de Dieu sur notre race, le nœud de nos destinées, la règle de nos progrès. Comment admettre que les sociétés civiles aient le droit de lui devenir étrangères ? Est-ce que l'action de ces sociétés n'exerce pas, sur le sort de l'humanité, une influence décisive ? Dès lors, ces sociétés, obligées de coopérer à l'œuvre du genre humain, doivent reconnaître pour roi, l'artisan premier de cette œuvre divine.

Qu'est venu faire Jésus-Christ sur la terre ? Jésus-Christ est venu sauver le genre humain du péché et de ses suites funestes. Il ne peut sans manquer à sa mission, se priver d'aucun des pouvoirs nécessaires pour détruire le péché et rétablir le royaume de Dieu. La direction des sociétés civiles ne peut-elle pas beaucoup pour favoriser ou pour empêcher le triomphe de la loi divine ? Si les pouvoirs qui gouvernent ces sociétés ne tiennent aucun compte de cette loi, les volontés individuelles seront-elles suffisamment aidées à l'accomplir ? Les passions mauvaises n'auront-elles pas toute liberté pour la fouler aux pieds ? Il ne peut y avoir à cela aucun doute. Donc soustraire des sociétés civiles à l'autorité spirituelle de l'Homme-Dieu, c'est supposer que la créature a droit de s'opposer au Rédempteur et qu'elle peut même licitement détruire son ouvrage.

Mais Dieu attache tant de prix à la gloire de son Fils qu'il n'a pas voulu se contenter de poser les fondements de la souveraineté dont il l'investit sur toutes les sociétés humaines. Longtemps avant de l'envoyer au monde, il se complaît à dessiner les splendeurs de sa royauté sociale. « Jéhovah m'a dit : Tu es mon Fils. Demande-moi et je te donnerai les *nations pour héritage* et les confins de la terre pour ton patrimoine. Tu les gouverneras avec un sceptre fort comme le fer, et elles seront en tes mains comme le vase d'argile que le potier brise à son gré ». (Psaume II). Ailleurs David nous décrit la puissance du divin roi :

« Il étendra sa domination de l'Océan jusqu'à l'Océan, et des rives des fleuves jusqu'aux confins de la terre... Tous les rois de la terre (comme rois) l'adoreront et toutes les nations (en tant que nations) seront soumises à son empire ». (Ps. LXXI). Isaïe nous le montre sous la figure « d'une montagne qui s'élève au dessus de toutes les principautés de la terre. Et toutes les nations accourent à elle : Allons, montons à la montagne du Seigneur et à la maison du Dieu de Jacob; il nous enseignera ses voies et nous marcherons dans ses sentiers ; car la loi sortira de Sion et la parole de Dieu de Jérusalem (Isaïe I). » Et Daniel : « Tous les peuples, toutes les tribus lui obéiront... Il partagera, avec le peuple des saints, cette royauté et cette puissance. Il n'y aura pas sous le ciel de royaume dont la grandeur ne lui appartienne. Son règne est un règne éternel et tous les rois lui devront service et obéissance ».

Jésus-Christ va maintenant nous dire ce qu'il pense de sa personne. Lui si humble, qui fuit les honneurs, écoutez-le : « Toute puissance m'a été donnée au ciel et *sur la terre*. » Ailleurs : « Toutes choses m'ont été livrées par mon Père. » Ailleurs encore : « Vous m'appelez maître et Seigneur, et vous dites bien, car je le suis ». Paul déclare aux Hébreux que « Dieu son Père l'a établi héritier de tout ce qui lui appartient ». Jean, dans l'Apocalypse l'appelle « le prince des rois de la terre, le Roi des rois et le Seigneur des seigneurs. »

Faut-il confirmer cette vérité par l'enseignement des Pontifes ? S. Grégoire le grand écrit à l'Empereur Maurice : « Sachez que la puissance vous est accordée d'en haut, afin que la vertu soit aidée, que les voies du ciel soient élargies et que l'empire de la terre serve l'empire du ciel ». Et S. Agathon : « Le Tout-Puissant en remettant aux princes la garde de la société chrétienne a voulu qu'ils usent du pouvoir qui leur est confié, pour chercher et conserver sans tache la vérité enseignée par ce Dieu, de qui ils tiennent leur royauté et qui est lui-même Roi des rois et Seigneur des seigneurs. Qu'ils fassent donc tous leurs efforts, pour faire régner, dans toutes les églises la vraie doctrine, telle qu'elle a été enseignée par les apôtres et transmise par leurs successeurs ».

Jésus-Christ n'est donc pas seulement le rédempteur des âmes, il est encore le roi des nations. Si nous l'avons prouvé longuement, c'est qu'il s'agit du dogme le plus obscurci par le préjugé et le plus en butte aux sophismes. « N'est-il pas vrai, demande encore le P. Ramière, que toutes les doctrines erronées si différentes et si opposées qu'elles soient entre elles, l'athéisme, le déisme, le rationalisme, le protestantisme, l'indifférence la plus dédaigneuse et le fanatisme le plus ardent, se réunissent aujourd'hui sous le drapeau du libéralisme, en une immense armée, pour proclamer la déchéance de Jésus-Christ et renier sa royauté ? N'est-il pas vrai que cette erreur a sur les croyants eux-mêmes, un pouvoir de séduction, incomparablement plus grand que toutes les erreurs ? N'est-il pas évident que, si l'Église ne rappelait les principes et ne proclamait les prérogatives souveraines de son divin fondateur, la condescendance avec laquelle elle tolère la violation de ses prérogatives, aurait pour résultat de transformer le fait en droit, aux yeux de ses ennemis et aux yeux même de ses enfants? D'où vient, en effet, l'opposition que soulèvent ses protestations, sinon de ce que, soit pour ses ennemis, soit même pour un certain nombre de chrétiens, la déchéance de Jésus-Christ est passée à l'état de principe.

« Il en coûte d'autant plus pour renier ce faux principe, qu'il est imposé en quelque sorte par la société tout entière, à ceux qui veulent partager ses faveurs. Aussi voit-on bien des catholiques, fermes dans leur foi et parfaitement éclairés en tout le reste, qui se font illusion, et, par suite de leurs illusions, faiblissent et chancellent sur ce point. Il ne leur en coûterait pas de confesser hautement la divinité de Jésus-Christ et sa présence réelle dans l'Eucharistie ; mais dire nettement aux assemblées et aux pouvoirs qui régissent les sociétés humaines, qu'ils sont tenus de sauvegarder les droits de Jésus-Christ et de se soumettre à ses lois, voilà ce qu'on ne peut faire aujourd'hui sans un véritable héroïsme. Il en fut ainsi dans tous les siècles par rapport à certains dogmes, particulièrement odieux au monde, au sujet desquels les chrétiens furent plus exposés à transiger. L'Église a-t-elle jamais consenti à ces transactions ? C'eût été trahir le Dieu qui lui a donné pour mission principale de combattre l'erreur et de rendre témoignage à la vérité.

« Non, elle n'a jamais vu, dans les répulsions du monde, qu'un motif de parler avec plus d'énergie, et elle n'a jamais fait plus d'efforts pour faire briller la lumière, que lorsque l'erreur s'est efforcée davantage d'en obscurcir le divin éclat.

« C'est ainsi qu'agit aujourd'hui l'Église, par rapport à la royauté sociale de Jésus-Christ, et nous agirons comme elle si nous sommes animés d'un vrai zèle pour ses intérêts (1). »

La situation fausse et absurde des catholiques libéraux.

XXVII. — Peu de jours après la résurrection du Sauveur, les apôtres étaient devant les princes des prêtres. La synagogue mit tout en œuvre pour les empêcher de rendre témoignage à l'Homme-Dieu. Au lieu de se laisser effrayer par les menaces et les mauvais traitements, Pierre

1. *Les doctrines romaines sur le libéralisme*, p. 60.

éleva la voix, et dit : « Princes et anciens du peuple, écoutez : Ce Jésus de Nazareth, que vous avez crucifié, est ressuscité d'entre les morts. La pierre que vous avez repoussée, vous, chargés de construire l'édifice, est devenue la pierre de l'angle ; et c'est en vain que vous chercheriez ailleurs le salut. Il n'y a pas, sous le ciel, d'autre nom que le sien, par lequel les hommes puissent être sauvés. »

Ce premier témoignage de Pierre est le prototype des témoignages que ses successeurs n'ont cessé de rendre dans tous les siècles ; il est le modèle du témoignage que Jésus-Christ attend de nous. Les hommes n'ont jamais renoncé à la prétention de se sauver eux-mêmes, de se passer de Dieu et de son Christ ; mais jamais cette prétention ne fut affichée plus hautement que de nos jours. La société consent à accepter, du Christianisme, ses résultats, mais elle refuse de reconnaître, pour son roi, Jésus-Christ. Si nous sommes vraiment dévoués à Jésus-Christ, si nous nous intéressons au vrai bonheur de la société, qu'avons-nous à faire ? Une seule chose : dire hautement à notre siècle, que ceux qui refusent de bâtir sur l'unique fondement posé par les mains de Dieu, travaillent en vain et sont des impies ; que, pour les sociétés, comme pour les individus, il n'y a qu'un seul Sauveur ; et que ceux-là se condamnent à une perte certaine qui expulsent le Dieu venu au monde pour leur apporter le salut.

Ici éclate la fausse et absurde position qu'ont prise les catholiques libéraux. La royauté de Jésus-Christ est unie, par un lien visible, aux principes élémentaires de la foi. Jésus-Christ ne peut pas être Dieu, sans être en même temps, le Roi des sociétés humaines. Comment les catholiques libéraux peuvent-ils s'arroger le droit de transiger en son nom, avec les peuples et les pouvoirs qui lui refusent l'obéissance ? Évidemment ils sont sans qualité pour un tel rôle et comment pourraient-ils s'abuser au point de ne pas voir qu'ils posent, dans leurs concessions, le principe même de l'apostasie ? Alors pour se dérober au vice de leur situation, ils se jettent sur les incidents, se perdent dans les détails, déclament sur l'esprit du siècle, sur l'évolution fastique des temps, sur le fait acquis de la révolution, sur la nécessité de marcher avec le monde, sous peine de se faire écraser. Avec nous, les catholiques libéraux prennent volontiers des attitudes de volcan ; avec nos ennemis, ils se couvrent habituellement de saules pleureurs.

Il n'y a qu'une puissance au monde qui puisse, dans l'ordre des faits, faire de légitimes concessions : c'est la puissance Pontificale, que Jésus-Christ a établie pour interpréter ses volontés et sauvegarder ses droits. Or, le Pape, par ses deux Encycliques *Immortale Dei* et *Libertas*, refuse toute transaction doctrinale. D'un côté il pose des bases invincibles de l'ordre divin dans la société civile ; de l'autre il détermine les devoirs philosophiquement et religieusement obligatoires de l'homme dans cette société, ainsi constituée par Dieu. Ni au nom des droits de l'homme, ni au nom des droits de la société, vous ne pouvez produire la moindre réclamation. En paraissant vous caresser l'épiderme, Léon XIII vous a pris dans un piége à loup. Prudemment, car vous êtes prudents, vous ne voulez pas vous permettre de hurler ; je crois du reste que cela vous serait difficile, car ces deux encycliques vous étranglent.

Consentir à la négation de ses droits, l'autorité même de l'Église ne le peut pas. On a pu tuer Jésus-Christ ; on ne peut plus avoir le droit de le dépouiller. Comment un simple chrétien pourrait-il, sans cesser d'être chrétien, découronner Jésus-Christ ? Comment consentirait-il, sans être coupable d'apostasie, à négocier, avec les ennemis de l'Homme-Dieu, sa déchéance ? Comment signerait-il un traité en vertu duquel le Fils de Dieu fait homme devrait se contenter de régner sur les consciences, mais renoncer au gouvernement des sociétés, trop grandes pour obéir, même à un Dieu ? Non, ces transactions sont impossibles, du moment qu'on envisage les choses à ce vrai point de vue.

Si l'on nous dit que le sacrifice de la royauté de Jésus-Christ est le seul moyen de conserver un reste de religion, nous saurons répondre que jamais la vérité divine n'a consenti à être sauvée par de pareils moyens, et que la défendre ainsi, c'est la détruire. Une et indivisible, elle ne peut être reniée à moitié, sans être reniée tout entière ; ceux qui s'imagineraient servir sa cause par de lâches concessions, lui porteraient le plus grand préjudice. Nous la glorifions en la confessant ; plus elle est attaquée avec violence, plus notre confession lui procure de gloire. Si nous la renions à demi, nous obscurcissons d'autant l'éclat de sa lumière, et nous donnons contre elle, à l'erreur, une force irrésistible, la force d'une logique, fausse assurément, mais implacable lorsqu'on lui concède un principe.

Mais, va dire l'adversaire, il n'y a plus de catholiques libéraux depuis l'avènement de Léon XIII. Tous ont accepté loyalement la main que leur tendait le pontife ; la paix léonine règne maintenant sur le monde. Pie IX les vexait ; Léon XIII en les bénissant, les a convertis. Nous voudrions le croire ; mais nous croyons le contraire. La paix *clémentine* n'avait pas supprimé les jansénistes ; la paix *léonine* n'a pas davantage supprimé les catholiques libéraux. Les catholiques libéraux continuent d'être ce qu'ils ont toujours été ; seulement ils s'appliquent à faire croire que Rome les soutient. Le fait est qu'ils ont noué à Rome, beaucoup d'intrigues, en apparence triomphantes. C'est un autre fait qu'ils ont à Rome, jusque dans le Sacré-Collége, quelques rares partisans. Nous avons entendu, par exemple, à l'*Académie de la religion catholique*, de Rome, une dissertation ou un cardinal, confesseur de la reine Marguerite, si la reine Marguerite se confesse, déclarer que 89 est un progrès chrétien et que la déclaration des droits de l'homme n'offre qu'une application plus complète de l'Évangile. Ces faits et d'autres se sont produits pendant la captivité du Pape; ils prouvent que cette captivité nuit beaucoup au gouvernement de l'Église; mais il serait téméraire d'en conclure que si Rome *piémontaise* est, pour le clergé, une pierre d'achoppement, le chef de l'Église suivra l'entraînement de quelques mauvais exemples, *Tu es Petrus;* un Pape reste debout; il ne penche ni d'un côté ni de l'autre; et en aucun cas, ne se laisse abattre.

Point curieux et digne de remarque ! Les protestants pensent là-dessus comme les bons catholiques. Je cite en preuve, le *Pall mall Gazette*, journal protestant, mais dont la religion est le libéralisme, c'est-à-dire la répulsion pour toute croyance absolument obligatoire.

« Il est un point qu'on ne peut révoquer en doute, dit-il : c'est que de tous les événements propres à aider le progrès général du libéralisme, aucun n'aurait autant de portée et d'influence que la croissance du parti libéral au sein même de l'Église de Rome. Si ce parti acquérait une vraie puissance, il serait contraint par la force des choses et par le pouvoir de la logique, de *renoncer aux articles les plus importants et les plus caractéristiques* de la doctrine Romaine, et se *transformerait finalement* en un symbole qu'on pourrait distinguer à peine de l'anglicanisme modéré.

« Le tempérament de la civilisation moderne, avec son humanité, sa vive sympathie pour toutes les formes de la souffrance, sa répulsion pour tous les priviléges exceptionnels, ses tendances vers l'égalité et la fraternité, se rapproche considérablement du christianisme. Ce rapprochement est, sous plusieurs rapports, si complet, qu'il offre aux esprits plus tendres dans leur sensibilité qu'exacts dans leur jugement une tentation presque insurmontable de fondre les deux éléments... Or, à cette question il y a une réponse, c'est qu'il est impossible d'être assis à la fois sur deux siéges. La charité chrétienne est fort différente de la bienveillance et de la sympathie humaine. Ces deux sentiments sont basés sur *une vue différente* de la vie et sur *une estimation différente* des faits. Concilier des doctrines comme celle de la damnation éternelle, avec la philanthropie moderne, est chose impossible. Il n'est pas moins impossible de délivrer le christianisme de ses doctrines, *sans en altérer le caractère* et sans en *bouleverser le plan de fond en comble.*

« Impossible de concilier *un système quelconque de théologie chrétienne* avec ce que nous nommons civilisation et progrès. Aucun homme, qui entend quelque chose à la question, ne voudra *même essayer* d'opérer cette conciliation. Mais, de tous les expédients inventés pour venir à bout de cette impossibilité, il n'en est aucun d'*aussi absurde* que celui qu'ont imaginé les catholiques libéraux. En divisant, comme ils le font, le domaine de l'État de celui de l'Église, ils ne tendent à rien moins qu'à *couper en deux* la vie humaine, et à donner à chaque moitié, un assortiment de principes contraires, mais également vrais dans leurs sphères respectives. Il nous semble *impossible* que cette manière de penser et de parler puisse *durer longtemps*. Elle doit être supplantée par des méthodes plus hardies et cela probablement avant peu ».

Selon cet écrivain protestant, l'incompatibilité radicale entre le christianisme et la civilisation moderne, entendue dans le sens des libéraux, ressort de deux choses : 1° de la différence essentielle entre la charité chrétienne et la philanthropie libérale ; 2° de l'opposition entre l'idée que le christianisme nous donne de la nature humaine et celle que suppose le libéralisme. Le christianisme considère la nature humaine comme corrompue et fait consister son vrai progrès dans la lutte des aspirations spirituelles contre des penchants sensuels. Le libéralisme, au contraire, suppose la nature humaine droite et innocente, et le progrès consiste, selon lui, dans l'affranchissement et l'épanouissement de tous ses instincts. La charité chrétienne cherche en Dieu, le principe, le mobile et la règle de son dévouement envers les hommes ; tandis que la philanthropie libérale prétend aimer les hommes en faisant abstraction de Dieu, c'est-à-dire en les détournant du souverain bien. De plus, le libéralisme a une fausse conception des rapports de l'Église et de l'État ; il en détruit l'économie ; et par là altère complétement la condition, en ce monde, de la religion catholique et de l'Église Romaine.

Le libéralisme n'est pas seulement la grande hérésie du xix° siècle ; c'est encore, par l'ensemble de ses erreurs, une complication d'hérésies qui préparent à l'Église, dans notre Occident, les plus redoutables épreuves. Aveugle qui ne le croit pas !

A cet égard, le passé répond de l'avenir. Au moment où le libéralisme abattait la vieille monarchie de la France, soi-disant pour ouvrir le règne de la liberté, il déchaîna, contre l'Église, la plus furieuse persécution. Voler tous les biens et couper toutes les têtes ; c'était sa manière d'affranchir. Pour être atteint par la peine capitale, il suffisait d'être suspect, de ne pas adhérer au régime persécuteur ; à peu près comme sous les Césars, on était exposé aux bêtes, pour avoir refusé, à la statue des empereurs, un grain d'encens. Les extrèmes se touchent :

ce grain d'encens refusé et cet acte de suspicion homicide entraînaient également la mort et pour le même motif : pour rejet de l'omnipotence de l'État. Cette omnipotence, dernier mot du libéralisme, doit rouvrir l'ère des persécutions sanglantes... qui d'ailleurs n'a jamais été bien fermée.

Les règles pratiques.

XXVIII. — Jusqu'ici le Pape n'a fait que poser des principes ; il faut venir maintenant aux applications. Si Léon XIII s'était contenté d'exposer la vérité et l'erreur avec l'autorité qui lui est propre et la précision heureuse qui le caractérise, nul doute que les catholiques n'eussent dû, avec une filiale docilité, tirer de l'enseignement pontifical, des conséquences pratiques. Mais, dans cette application, il y eut eu des lenteurs. Chacun eut pris le temps de la réflexion, consulté les maîtres, attendu plus ou moins les circonstances. Les hésitants eussent temporisé ; les plus décidés eussent pu se diviser sur la portée des doctrines, l'opportunité et les formes de l'action. Pour couper court aux incertitudes, aux tergiversations et aux divergences, le Pontife, en vue d'unir toutes les forces dans une action commune, donne des règles pratiques. « Après avoir, dit l'abbé Perriot, instruit comme docteur suprême, il ordonne comme chef et trace, comme dans un *ordre du jour*, la marche à suivre pour toute l'armée des fidèles catholiques. Nul ne s'écartera, nul ne désertera, nul n'hésitera. Tous, soumis aux mêmes ordres, nous avancerons du même pas, vers la conquête des mêmes biens : la félicité éternelle et la prospérité temporelle. Nous soutiendrons les mêmes luttes pour la défense du nom chrétien et pour la sauvegarde des sociétés (1) ».

Le Pape donne deux espèces de règles : des règles pour la *créance*, des règles pour *l'action*.

Au sujet de la manière de penser, il n'y a qu'une seule règle générale, relative à la croyance *intérieure* et à la profession *publique*. « En théorie d'abord, dit Léon XIII, il est *nécessaire* de s'en tenir avec une *adhésion inébranlable à tout ce que les Pontifes Romains ont enseigné ou enseigneront* ; et toutes les fois que les circonstances l'exigeront, *d'en faire profession* publique ». Les encycliques passées, présentes, futures ; spécialement les encycliques de Léon XIII, Pie IX, Grégoire XVI, édictées en vue des circonstances présentes ; plus spécialement l'Encyclique *Quanta cura* et le *Syllabus*, les encycliques *Immortale Dei* et *Libertas* : voilà la loi de l'unité catholique. A cette loi, il est dû une adhésion inébranlable

---

1. Perriot, L'Encyclique *Immortale Dei*, p. 80.

et une profession sans réticence. L'adhésion doit être de tous les ins-
tants ; la profession n'oblige que suivant les circonstances. « Or, dit encore le vicaire général Perriot, les circonstances l'exigent toutes les fois
que l'on devra traiter les questions qui se rapportent à cet enseignement :
professeurs dans leurs chaires, publicistes dans leurs revues, écrivains
dans leurs publications, membres des assemblées dans leurs délibérations, tous doivent se conformer aux enseignements du Saint-Siége en
toutes les questions qui se présentent (*Loc. cit.*) ».

« Particulièrement, en ce qui touche aux *libertés modernes* (qu'on
écoute le Pape !) chacun doit s'en tenir aux jugements du Siége Apostolique et se conformer à ses décisions. Il faut prendre garde de se laisser
tromper par l'honnêteté *apparente* de ces libertés ; il faut se rappeler de
quelles sources elles émanent et par *quel esprit* elles se propagent et se
soutiennent. L'expérience a déjà fait connaître suffisamment les résultats
qu'elles ont eu pour la société et combien les fruits pernicieux qu'elles
ont portés inspirent à bon droit de regrets aux sages ». La fascination
impie, l'origine protestante, les ravages des libertés modernes, le Pape
les fait assez entendre, et l'on voit bien qu'il les réprouve. En comparant,
toutefois, deux gouvernements, dont l'un persécute effrontément et *tyra-
niquement* le nom chrétien, et l'autre, également fondé sur les libertés
modernes, laisse au bien la même liberté qu'au mal, on pourrait trouver
« ce dernier plus *tolérable* ». Cependant, ajoute le Pape, les principes
sur lesquels se base ce dernier sont *de telle nature*, qu'en eux-mêmes,
ils ne doivent être *approuvés par personne* ». (*Immortale Dei*). D'après
Léon XIII, un gouvernement libéral modéré, comme celui du Canada,
par exemple, peut paraître et est effectivement plus tolérable qu'un gouvernement persécuteur, mais on ne saurait le regarder comme un type
de gouvernement chrétien, ni approuver les principes de sa constitution.
Au demeurant, rien n'empêche de bénéficier de la liberté qu'il laisse au
bien ; et s'il lui arrivait de la refuser, on pourrait la réclamer, non seulement parce que, en vertu de ses principes il ne peut la refuser consti-
tutionnellement à personne, mais encore et surtout, parce que le bien,
qui aurait droit à une protection exclusive, a, pour le moins, droit à la
liberté. Mais, dans cette revendication, il faut, pour rester fidèle à la règle de Léon XIII, éviter d'approuver le principe de la fausse liberté.

Au sujet des règles pour se conduire, Léon XIII en pose deux caté-
gories : « En pratique, l'action peut s'exercer, soit dans les affaires *privées* et domestiques, soit dans les affaires *publiques* ».

D'abord il faut faire observer que le Pape préconise l'action. Des chrétiens inertes, endormis, parfois gémissant sur les malheurs des temps,

mais incapables d'une résolution, ne sont pas son idéal. La république de Salente, où tout est pour le mieux dans le meilleur des mondes, cela ne se voit que dans les romans, et paraît-il, au Canada. En chaque homme, il y a deux hommes qui se font une guerre cruelle ; au sein de chaque peuple, il y a, plus ou moins, deux partis : le parti de Dieu et le parti du démon. Ces deux partis forment deux camps ; leurs soldats se livrent de fréquentes batailles, les chrétiens sont tous appelés à y prendre part. Que Saint Sulpice prêche l'absentéisme ; qu'il confine le clerc, dans la science médiocre ; qu'il cloître le prêtre dans sa sacristie et le verrouille dans son presbytère, nous ne saurions nous résigner à cette facile vertu et nous lui refusons certainement notre admiration. L'Église est militante ; une église qui ne combat pas, est une église *désertante*. L'idée d'un Christianisme purement personnel, est une idée fausse. Jésus-Christ a racheté tout l'homme : l'homme social aussi bien que l'homme individuel, et chaque disciple de Jésus-Christ a une mission sociale à remplir. C'est en rétrécissant l'Évangile qu'on a ouvert la voie aux schismes d'Orient ; et c'est encore en le rétrécissant qu'on a ouvert, en Occident, l'arène à cette guerre furieuse qui pousse à l'extermination des chrétiens. Debout, soldats du Christ, et en avant ! Dussiez-vous, comme Roland, vous rompre la poitrine en sonnant du cor pour appeler les soldats à rescousse, sonnez toujours et faites face à l'ennemi.

Dans les affaires *privées* et *domestiques*, Léon XIII recommande quatre choses :

1° La vie chrétienne allant jusqu'à la souffrance pour le devoir. « Conformer très exactement sa vie et ses mœurs aux préceptes de l'Évangile et ne pas reculer devant ce que la vertu chrétienne impose de quelque peu difficile à endurer et à souffrir : tel est le premier devoir ». Faute de le remplir, on ne s'expose pas seulement à la perdition, mais on prive la cause sociale et chrétienne, des encouragements du bon exemple et de l'appui de son concours. La cause de Dieu n'a de solides défenseurs que ceux qui mettent, au-dessus de leur tranquillité, de leurs plaisirs et de leurs intérêts, l'accomplissement du devoir chrétien.

2° L'amour de l'Église et le zèle à la faire respecter par tous ceux sur qui on a quelque autorité. « Tous doivent, en outre, aimer l'Église, comme notre commune mère ; ils doivent vouloir sauver tous ses droits ; et s'efforcer de la faire aimer et révérer, avec une piété égale, par tous ceux sur qui ils peuvent étendre leur pouvoir ». Le respect, l'amour, l'obéissance envers l'Église, sont les sentiments nécessaires de quiconque aime véritablement Dieu. L'amour de Dieu est la source, l'aliment et la règle de l'amour pour Jésus-Christ, vivant dans son Église et agissant par son vicaire, le Pontife Romain. La providence comble des biens d'ici-bas ceux qui poursuivent dans ces conditions, le royaume de Dieu et sa justice.

3° La participation aux affaires municipales. « Il importe encore au salut public de donner, avec sagesse, ses soins à l'administration des affaires de la cité ». Prendre part à la gestion des affaires municipales, défendre les intérêts des populations, se mettre, si on le peut, à la tête de son village ou de sa ville : c'est le moyen d'empêcher beaucoup de mal, de faire parfois beaucoup de bien et d'attirer à l'Église une part de l'estime qui s'attache toujours à un bon administrateur des affaires et des deniers publics.

4° Les efforts à faire pour « que l'autorité pourvoie à l'éducation religieuse et morale de la jeunesse, comme il convient à des chrétiens : de là dépend surtout le salut de la société ». Le salut du genre humain dépend de la réforme de l'éducation ; les ennemis de l'Église veulent s'en emparer ; il faut s'opposer à leurs tentatives et faire échouer leurs noirs desseins. Le moyen, c'est de revendiquer les droits inaliénables du père de famille et les devoirs sacrés de la Sainte Église. En rattachant ce devoir à l'ordre privé, le saint Père donne à entendre qu'il ne faut pas s'en remettre uniquement et aveuglement, à ceux qui exercent quelque charge publique. Dans la sphère de l'éducation tout le monde a des devoirs à remplir ; il n'est pas permis de s'y dérober.

Dans les affaires *publiques,* « il sera généralement utile et louable, que les catholiques étendent leur action au-delà des limites de ce champ trop restreint, et abordent les grandes charges de l'État *Généralement,* disons-nous, car ici nos conseils s'adressent à toutes les nations. En Italie, Léon XIII et Pie IX ont ordonné aux catholiques de n'être *ni électeurs, ni élus.* La règle souffre donc ici une exception ; mais, sauf exception, il faut que les chrétiens participent aux affaires publiques et acceptent des fonctions de l'État, d'autant plus que les bons catholiques sont poussés par la foi dont ils professent la vérité, à gérer les affaires avec plus d'intégrité et d'un cœur plus fidèle. Au contraire s'ils restent dans l'oisiveté, les rênes de l'État passeront à ceux dont les opinions n'inspirent pas une grande confiance. Il en résulterait préjudice pour le nom chrétien ; ceux qui seraient mal disposés envers l'Église auraient plus de crédit ; ceux qui pourraient leur faire du bien n'auraient aucun pouvoir. Les catholiques ont donc, pour affronter les affaires, une juste cause ; c'est à eux qu'il appartient de transfuser, dans les veines de la république, un sang régénérateur.

Le pape cite en exemple les premiers chrétiens. S'il y eut un monde à jamais perdu, c'est le monde civilisé de l'antiquité païenne. Les superstitions étaient abominables ; les mœurs défient le pinceau de l'histoire ; les pouvoirs constitués n'étaient que boue et sang. Au milieu de cette universelle et profonde décadence, on vit pourtant les chrétiens incorruptibles, s'ingérer courageusement aux affaires, partout où s'ouvrait une porte. Fidèles à Dieu pour donner l'exemple de la soumission, obéissant autant qu'il était permis à l'empire des lois, ils répandaient partout une splendeur merveilleuse de sainteté, ils s'appliquaient à être utiles à leurs frères, à appeler les autres à la sagesse du Christ, prêts cependant à céder leur place et à mourir avec bravoure, s'ils ne pouvaient retenir les honneurs, les magistratures et les commandements, sans faire brèche à leur vertu. C'est ainsi que le Christianisme pénétra promptement, non-seulement dans les maisons particulières, mais dans les camps, au Sénat et jusque sur e trône des Césars.

La loi de l'abstention s'impose seulement quand la conscience ne peut plus permettre de participer aux affaires. S'abstenir ou démissionner, c'est l'exception ; la règle, c'est de prendre part aux affaires. C'est le devoir des catholiques de contribuer, pour leur part, au bon gouvernement de la société ; l'intérêt général le demande ; la défense des intérêts religieux en fait également une obligation. « Il est donc évident, continue Léon XIII, que les catholiques ont de justes motifs d'aborder la vie politique ; car ils le font et doivent le faire, *non pour approuver* ce qu'il peut y avoir de blâmable présentement dans les institutions politiques, mais pour *tirer*, de ces institutions mêmes, *autant que faire se peut*, le bien public sincère et vrai, en se proposant d'infuser dans toutes les veines de l'État, comme une sève et un sang réparateur, *la vertu et l'influence* de la religion chrétienne ».

Mais dans quel esprit les catholiques doivent-ils prendre part aux affaires ? Léon XIII leur trace ce programme en cinq articles : « Avant tout, il est nécessaire que les catholiques dignes de ce nom se déterminent à *être* et à se *montrer* les fils *très dévoués* de l'Église ; qu'ils *repoussent sans hésiter* tout ce qui serait incompatible avec cette profession ; qu'ils se *servent des institutions politiques*, autant qu'ils le pourront faire en conscience, au profit de la *vérité* et de la *justice* ; qu'ils travaillent à ce que la liberté *ne dépasse pas* la limite posée par la loi naturelle et divine ; qu'ils prennent *à tâche de ramener* toute institution publique *à cette forme* que nous avons proposée *pour modèle* ».

Évidemment Léon XIII est un intransigeant ; il ne laisse aucune place à l'amour-propre, à la haute sagesse et aux petites passions des catholi-

ques libéraux ; il veut qu'en tout prévale l'autorité souveraine de la
Chaire Apostolique. Certainement « ce n'est pas chose aisée que de
déterminer un mode *unique* et *certain* pour réaliser ces données, attendu qu'il doit convenir à des temps et à des lieux fort disparates entre
eux. Néanmoins il faut conserver la *concorde* des volontés et tendre à
l'*uniformité* de l'action. On obtiendra *sûrement* ce résultat si chacun
prend pour *règle de conduite* les prescriptions du Siége Apostolique et
l'obéissance aux évêques ». La concorde des volontés et l'union des
efforts doivent s'obtenir par l'obéissance à l'Église. C'est au Pape qu'il
appartient d'imprimer la haute direction ; si des difficultés se produi-
sent, les évêques recevront du Pape les instructions et les ordres nécessaires pour conduire les fidèles soumis à leur autorité.

Tel est le programme d'action dressé par le Chef de l'Église. C'est
pour tous les catholiques un devoir strict de s'y conformer en tout et
partout.

Tempéraments et recommandations

XXIX. — L'esprit de l'homme est faible ; plus faible est son cœur.
Du moment que vous l'appelez à l'action, au nom de la foi, il faut préciser si exactement les doctrines, que l'erreur soit, en quelque sorte, impossible ; il faut appuyer les règles pratiques de si fortes recommandations que les emportements ne soient pas plus possibles que les erreurs.
Léon XIII n'y a pas manqué ; son encyclique *Immortale Dei*, comme
acte de gouvernement, ne laisse rien à désirer. Après avoir enseigné
avec une science infaillible, il commande avec une imperturbable sagesse et tempère ses commandements par les tendresses de la paternité.
C'est le point qu'il faut exposer maintenant.

La liberté vraie ne permet que le bien ; indulgente pour le criminel,
elle prévient et punit le crime. Vouloir, sous prétexte de liberté, éga-
liser le bien et le mal, et leur reconnaître les mêmes droits, c'est rêver
d'unir ensemble Dieu et Satan, Jésus-Christ et Bélial. Voilà le principe
certain, absolu, à quoi il faut toujours revenir.

Mais, de ce que le Pape n'admet pas qu'on rejette Dieu de l'institution de la société et de la constitution des pouvoirs, s'ensuit-il qu'il condamne la démocratie pure ou le régime parlementaire ? Non. Le Pape
ne condamne aucun régime, pas plus qu'il ne condamne une forme de
gouvernement ; il admet dans leurs innombrables variétés, tous les régimes, pourvu qu'ils soient honnêtes et croyants ; il admet que la mul-

titude prenne part au gouvernement pour l'éclairer de ses lumières et le soutenir de ses sympathies.

Mais de ce que le Pape revendique, pour la vérité, la vertu et la justice, un droit absolu, s'ensuit-il qu'il soit l'ennemi d'une juste tolérance ou d'une saine liberté ? Non. « En effet, dit-il, si l'Église juge qu'il n'est pas permis de mettre les divers cultes sur le même pied légal que la vraie religion, elle ne condamne pas pour cela les chefs d'États, qui en *vue d'un bien à atteindre ou d'un mal à empêcher, tolèrent* dans la pratique que ces divers cultes aient chacun leur place dans l'État ». La religion catholique est la seule vraie ; cependant, pour éviter un mal ou procurer un bien, on peut en tolérer d'autres, pourvu que cette tolérance légale ne soit pas la reconnaissance d'un droit qu'auraient par eux-mêmes les autres cultes.

Mais de ce que le Pape affirme, le droit absolu et exclusif de la religion catholique et de l'Église Romaine, s'ensuit-il qu'il faut contraindre les infidèles à embrasser la vraie foi ? Non. L'État doit mettre au service de la religion toutes les facilités qu'il peut procurer aux hommes pour l'embrasser et l'observer ; il doit, par exemple, faire respecter les missionnaires ; il peut amener des réfractaires à les entendre ; mais il ne doit, en aucun cas, contraindre à la croyance. « C'est, dit Léon XIII, la coutume de l'Église, de veiller avec le plus grand soin à ce que *personne ne soit forcé* d'embrasser la foi catholique contre son gré ; car, ainsi que l'observe sagement saint Augustin : « L'homme ne peut croire que *de plein gré* ». (Tr. XXVI, In Joan., n. 2).

Mais de ce que le Pape affirme le bien absolu de la civilisation chrétienne, s'ensuit-il qu'il repousse en bloc la civilisation moderne et les découvertes du génie contemporain ? Non. Le Pape bénit Dieu pour les découvertes qui viennent accroître le patrimoine de l'humanité ; il loue le progrès des sciences et des arts, il applaudit aux efforts de l'agriculture, de l'industrie et du commerce. La seule chose qu'il demande, c'est que l'homme n'y trouve pas une cause de ruine spirituelle. « En dirigeant par sa vertu toutes les recherches vers un but honnête et salutaire, l'Église s'applique à empêcher que l'intelligence et l'industrie de l'homme ne le détournent de Dieu et des biens célestes ». Suivant une pensée d'un Père de l'Église, nous devons passer à travers les biens transitoires, de façon à ne pas perdre les biens éternels. Pour obtenir par surcroît toutes les bénédictions, il faut chercher d'abord le royaume de Dieu et le règne de Jésus-Christ.

Ces tempéraments ne changent rien à la rigueur du principe divin ; ils l'expliquent, mais n'y apportent aucune restriction ; ils empêchent seulement de l'étendre hors de ses limites. Le Pape garde donc la juste mesure ; il fait la part des justes exigences, et retient tout ce qui est bon.

A ces tempéraments s'ajoutent les recommandations pour amener et maintenir, entre catholiques, la paix et l'union.

La première recommandation combat la fausse tendresse : « Il faut se garder d'être, *en quoi que ce soit*, de connivence avec les fausses opinions, ou de les combattre *plus mollement* que ne comporte la vérité ». En d'autres termes, il faut être rebelle à toutes les concessions doctrinales, et soutenir la vérité avec une belle énergie. S'il faut ménager les personnes, on ne doit, à l'erreur, aucun ménagement qui tourne à son profit ou au détriment de la vérité.

La seconde écarte des discussions, d'ailleurs permises, *les soupçons injustes et les accusations réciproques*. « De peur que l'union des âmes ne soit détruite par la témérité des imputations, tous doivent comprendre que l'intégrité de la profession chrétienne ne peut *nullement se concilier* avec les opinions qui *se rapprochent* du naturalisme ou du rationalisme, dont le but suprême est de détruire radicalement les institutions chrétiennes, et d'établir, dans la société, le principat de l'homme *en mettant Dieu de côté* ». Non seulement le Pape repousse le rationalisme et le naturalisme, mais il condamne tout ce qui s'en rapproche ou y incline ; pour couper court aux accusations et aux soupçons, il faut donc répudier le semi-rationalisme et se maintenir dans l'intégrité de la foi. Quiconque, dans l'Église, ne garde pas incorruptible le dépôt sacré, à celui-là il lui faut courir sus. Point de quartier pour les mous et les hypocrites !

La troisième réprouve la manière d'agir de ces catholiques libéraux qui coupent l'homme en deux, l'obligent à être catholique dans la vie privée, et le laissent, dans la vie publique, libre d'être protestant ou libre penseur. « Ce serait, dit Léon XIII, allier ensemble le bien et le mal, et mettre l'homme en lutte avec lui-même, quand, au contraire, il doit toujours être conséquent avec lui-même, et ne s'écarter, en aucun genre de vie ou d'affaires, de la vertu chrétienne ». Plus de caméléons dans l'Église !

La quatrième pourvoit à ce que, en matière d'opinions *libres*, les écrivains et notoirement, les journalistes ne se laissent pas entraîner aux accusations : « S'il s'agit de questions *purement politiques*, du meilleur genre de gouvernement, de tel ou tel système d'administration civile, les divergences *honnêtes* sont permises. La justice ne souffre donc pas que l'on fasse un crime à des hommes, dont la piété est d'ailleurs connue et l'esprit tout disposé à accepter docilement les décisions du Saint-Siège, de ce qu'ils sont d'un avis différent sur les points en question. Ce serait encore une injustice bien plus grande de suspecter leur foi ou de les accuser de la trahir, ainsi que nous l'avons regretté plus d'une fois ». Respect aux opinions licites, on a le droit d'y tenir, dès qu'il n'y a pas, pour la foi, de compromission.

La dernière porte un bill d'amnistie. « Si, par le passé, quelques dissentiments ont eu lieu, il faut les ensevelir dans un sincère oubli ; si quelque injustice a été commise, quel que soit le coupable, il faut tout *réparer* par une charité réciproque et tout *racheter* par un assaut de déférence envers le Saint-Siége ». De part et d'autre, croyons-nous, c'est fait. Les ci-devant gallicans, déguisés depuis en libéraux, rachètent même leurs anciens excès, par une espèce d'étalage de dévouement, sinon envers le Saint-Siége, du moins envers la personne du Pape. Un évêque est allé jusqu'à écrire, ou à faire écrire, mais à publier sous son nom, que Léon XIII est *le plus grand des successeurs de saint Pierre*. Mais pour être sincère, je doute que ces prodigalités d'admiration soient accompagnées, envers les anciens adversaires, d'une charité égale. Des faits de ruse, de sévice et même d'improbité pourraient trouver ici leur place ; nous et d'autres, nous consentons à les oublier, d'autant plus aisément que, si l'on a voulu et cru nous atteindre, nous n'avons pas senti la blessure. Du moins, si les libéraux ne montrent pas, pour nous une parfaite charité, ils en montrent beaucoup pour eux-mêmes. Le cardinal Matthieu, Georges Darboy, Félix Dupanloup et plusieurs autres ont été les héros de biographies enthousiastes où presque tout est faux, même le vrai. Des faits pris à contre sens, des réticences calculées, des silences officieux, des exagérations surtout : voilà avec quoi on essaie d'ériger en géants de très médiocres et de très malencontreux personnages. Si l'on n'y prend garde, nous aurons, à bref délai, de saints libéraux, un martyrologe complet. Tous innocents comme des anges ; tous saints comme des bien-heureux canonisés : c'est cela même qu'on a entrepris, par une espèce de mot d'ordre, comme on l'avait fait autrefois pour les jansénistes. Dupanloup, le grand chef du libéralisme, qui, par testament, avait enterdit son éloge funèbre, a eu, pour sa part, outre un éloge répugnant et nauséabond, quatre ou cinq volumes où l'histoire se chante sur le thyrse. Nous ne croyons pas que le Pape entende amnistier ces excès, ni nous défendre de relever ces provocations. D'autant mieux que ces écrits, pitoyables sous le rapport de l'exactitude et de la convenance, sont encore entachés de constants parologismes. Pour prouver par exemple que quelqu'un n'a pas été libéral, on prouve qu'il a été catholique : Auguste Nicolas, a commis lui-même cette faute, au sujet du P. Lacordaire. Or, on est catholique libéral à deux conditions : d'être d'abord catholique, ensuite libéral. C'est le non libéralisme de ces Messieurs qu'il faudrait établir ; nous en attendrons longtemps les preuves.

La tolérance.

XXX. — Mais enfin Léon XIII a accepté la *tolérance*. Après avoir condamné les libertés modernes avec la rigueur du théologien et du philosophe, il les a, comme homme d'État, innocentées, que dis-je? approuvées, légitimées, recommandées. Ainsi parlent les catholiques libéraux. D'après eux, le pape aurait une théorie comme penseur ; et, comme pontife, il aurait une pratique contraire. Ce serait un pape en deux volumes ; le premier dirait oui ; le second, non ; le total serait zéro. A cette sagesse et à ce respect des convenances, vous voyez tout l'esprit et toute la vertu du catholicisme libéral.

Cette allégation ne résiste pas aux règles d'interprétation des documents pontificaux. Lorsqu'il s'agit d'une définition dogmatique, j'en conviens, la foi obligatoire s'applique à l'objet même de la définition. Les considérations préalables ont leur prix pour énoncer les motifs de la définition, son mode d'expression, sa portée pratique ; cependant elles n'obligent pas au même titre que la définition même ; mais lorsqu'il s'agit d'une bulle doctrinale ou d'une encyclique, il faut la prendre dans son entier, si l'on veut la comprendre. Les vérités exposées, les raisons proposées, les pratiques imposées : tout doit être retenu ; et, à moins d'exception formelle, tout, depuis la première jusqu'à la dernière syllabe, sert pour former, à l'égard de ce document, une conviction régulière. Si vous prenez un point seulement pour laisser les autres de côté, c'est une sorte de mutilation morale ; la doctrine qui en ressort n'est plus qu'une vérité fragmentaire, insuffisante, parce qu'elle est détachée des vérités qui la complètent. Dans ce cas, vous appliquez aux actes pontificaux, la méthode protestante du libre examen. Ce n'est plus le pape qui vous parle en pape, c'est vous qui le faites parler à votre guise.

Comment ! le Pape écrit à loisir deux encycliques, pour étreindre, dans le cercle de fer d'une logique implacable, toutes les erreurs modernes, et, de ces encycliques, vous entendez déduire leur licité sans condition, leur admission totale, en d'autres termes, leur panégyrique ! Le Pape, n'est pas un abstracteur de quintessences métaphysiques, un philosophe qui s'amuse avec les idées, un professeur qui aligne des phrases et se complaît dans les déclamations. Le Pape, lorsqu'il parle, parle en Pape, pour tracer des règles. S'il condamne quelque chose, il le condamne *prati-*

quement. Des libertés modernes, aucune n'a trouvé grâce devant sa face. La liberté des cultes n'est qu' « une dépravation de la liberté et, dans l'abjection du péché, une servitude de l'âme ; un préjudice à la liberté des gouvernés et des gouvernants » ; la liberté de la presse met en péril tout l'ordre social, en permettant de renverser les fondements mêmes de la société ; la liberté d'enseignement est, pour les faibles, une source de corruption ; la liberté de conscience est une amorce à toutes les dépravations, un élément de fanatismes et d'illuminisme. Ces libertés de pensée, de conscience, de presse et de culte, ne sont pas moins contraires à la raison qu'à la foi. Si Léon XIII en parle après ses prédécesseurs, c'est pour les frapper itérativement « parce que plusieurs s'obstinent à voir dans ces libertés, même en ce qu'elles ont *de plus vicieux*, la plus *belle gloire* de notre époque et le *fondement nécessaire* des institutions politiques ; comme si, *sans elles*, on ne pouvait imaginer un parfait gouvernement ». C'est une question majeure où chacun doit s'en tenir au jugement du Siége Apostolique et se conformer à ses décisions ». L'expérience a fait connaître « les fruits amers et empoisonnés du libéralisme ». Et vous venez dire qu'en tolérant ces libertés funestes, Léon XIII a écrit leur réhabilitation !

Pendant quinze siècles, l'Église a fait, de son intolérance dogmatique, la raison d'être de l'intolérance civile ; elle a admis la coercition en matière de doctrine, d'enseignement et de gouvernement spirituel ; elle a fondé, soutenu, propagé, recommandé le Saint-Office, l'Index et l'Inquisition ; elle a livré l'hérétique au bras séculier ; elle a vu s'allumer sans frémir les buchers qui dévoraient les malandrins de la libre-pensée… et vous venez nous dire qu'elle renie son passé, qu'elle jette l'anathème à ses pères, et qu'elle va entrer, d'un pas allègre, dans la farandole démoniaque du rationalisme !

Mais en condamnant le passé, vous renversez le présent, et, pour édifier l'avenir, vous ne laissez qu'un lit mouvant de sable.

Le Pape tolère. Mais que signifie tolérer ? La tolérance exprime, à proprement parler, la patience avec laquelle on supporte une chose que l'on juge mauvaise, mais que l'on croit convenable de ne point punir. Ainsi, on tolère certains genres de scandales ; on tolère des femmes publiques ; on tolère tel ou tel abus ; en sorte que l'idée de tolérance se trouve toujours accompagnée de l'idée de mal. Tolérer le vrai et le bien ; tolérer la vertu et la justice, seraient des expressions monstrueuses. Lorsque la tolérance s'exerce dans l'ordre des idées, elle suppose le mal des intelligences : l'erreur. En tolérant les libertés modernes, loin d'en faire l'éloge, le Pape en passe condamnation. Conclusion d'autant plus rigoureuse, qu'en tolérant, le Pape a soin de dire que « *plus il est nécessaire* de tolérer le mal dans un État, plus les conditions de cet État *s'écartent de la perfection* », et que « cette liberté, accordée indifféremment à tous et pour tout, n'est pas *désirable par elle-même*, puisqu'il *répugne à la raison* que le faux et le vrai *aient les mêmes droits* ». C'est prendre à contre sens la parole du Pape et lui faire injure, que de le présenter comme un partisan des libertés modernes.

Le Pape, du moins, ne tempère-t-il pas, pour la pratique, la rigueur de la théorie ? Ne faut-il pas voir, dans la tolérance, un adoucissement à la proscription des libertés modernes ? Proscrire et tolérer ne valent. — Cette alternative elle-même est sans valeur. En tolérant les libertés modernes, le Pape les laisse ce qu'elles sont, mauvaises, funestes, contraires même à la raison, non moins qu'à la foi. C'est pour cela que le Pape les tolère. Si elles étaient par elles-mêmes raisonnables, bonnes, avantageuses, il ne se contenterait pas de les tolérer, il les recommanderait ; il en ferait la règle générale, non l'exception, et approuverait le principe des constitutions libérales.

La liberté *vraie*, c'est le droit de faire le bien sous toutes ses formes ; la liberté *moderne*, c'est le droit civil de faire le bien et le mal. Faire le mal, ce ne peut être permis ; si l'on ne peut faire le bien qu'à la condition de laisser le mal libre, c'est une dure condition, mais il vaut mieux la subir. Les libertés modernes sont intrinsèquement mauvaises ; c'est un pis aller, rien de plus.

On les tolère parce qu'on ne peut faire autrement ; on les tolère pour éviter un plus grand mal ou pour procurer un bien relatif ; on ne les tolère pas pour elles-mêmes. Si l'on réclamait cette tolérance, il faudrait la refuser. La tolérance ne change pas la nature des objets ; elle les trouve mauvais, et les laisse tels. Ce serait une société parfaite et heureuse, celle qui n'admettrait que la liberté du bien ; celle qui admet la liberté du mal est sur le penchant de la ruine.

Cette question, au surplus, roule sur un contre sens, ou, au moins, sur une forte équivoque. Le respect de la conscience invinciblement erronnée, le respect du culte domestique, la tolérance civile, l'Église a admis ces choses dans tous les temps. Dès son berceau, elle a dû partager, avec d'autres communions, les prérogatives de la vie publique. Ce partage a dû se conformer aux exigences du droit divin : il n'est pas permis d'en faire litière : mais, sauf le cas de séditions à comprimer ou de périls à prévenir, il n'a jamais tourné en sévices. Le passé de l'Église ne saurait admettre qu'on l'accuse de persécution. Ses mains sont sans taches, son front sans rides, son histoire sans souillures.

Sous le couvert de la liberté des cultes, ce qu'on réclame, c'est le droit absolu des cultes faux et la faculté de restreindre, puis de supprimer le culte du vrai Dieu. Jusqu'à Luther, ce droit avait été réclamé en vain ; la société se tenait sur ses gardes contre l'erreur. Nos ancêtres croyaient que la société meurt de toute parole et de toute mesure contraires au droit de Dieu sur la société. Depuis Luther par la faute des princes, on a admis l'erreur à la libre pratique. A partir de la diète de Worms et des traités de Westphalie, cette libre pratique s'est abritée sous le régime de la tolérance légale. Mais, à dater de 89, cette tolérance n'est plus qu'un drapeau menteur. Ce qu'on revendique sous ce titre, c'est la liberté absolue de l'erreur et l'oppression de la vérité. Pour nos contemporains libéraux la religion n'est rien, l'Église n'a pas de droit ; la pensée humaine, quelle qu'elle soit, possède seule des titres au respect de la loi. Détruire les concordats, désoler la patience des chrétiens, les opprimer sagement, aller lentement, mais sûrement à la destruction de l'Évangile ; voilà, plus ou moins, le mot d'ordre de la secte dominante. On s'y achemine *per fas et nefas.*

La tolérance, l'Église seule la pratique. Par là, ce qu'entendent, ce que veulent ses ennemis, c'est l'intolérance. Sous ce grossier prétexte, qu'ils veulent respecter la liberté de conscience, opportunistes et radicaux conjurés chassent de l'école le catéchisme, le crucifix, laïcisent les cimetières et les hôpitaux, proscrivent les frères, les religieux, et chose horrible, même les religieuses. En 1793, au nom de la liberté et de la fraternité, on guillotinait ; aujourd'hui, en alléguant le même droit, on met la main sur les biens de l'Église et demain on exterminera les prêtres. La machine de Robespierre est encore aujourd'hui, en dehors de l'Église, le dernier mot de la tolérance.

L'Église ne se départira ni de sa mansuétude, ni de sa sagesse, mais en définitive, on ne fait le bien en ce monde qu'à coup d'épée. L'humanité est lâchée ; plus vous la traitez avec douceur, plus elle coule volontiers sur la pente de l'avilissement. Pour la maintenir, il faut lui résister ; pour la relever, il faut la frapper. Nos moyens termes sont des éléments de décadence. C'est avec le glaive que les grands bienfaiteurs de l'humanité l'ont fait avancer d'un pas décisif. Ni Constantin, ni Théodore, ni Charlemagne, ni saint Louis, ni Louis XIV, ni Napoléon ne seraient ce qu'ils ont été, s'ils avaient prêté l'oreille aux petits conseils des endormeurs. Que le Pape, sur son trône, soit l'oracle de la sagesse divine, à la bonne heure ; mais, pour réagir contre toutes les turpitudes, contre tous les abaissements, contre toutes les impiétés, outre que je ne crois pas l'intransigeance inutile et l'anathème superflu, j'invoque

avec assurance, j'implore comme une grâce de choix des grands coups
d'épée d'un nouveau Charlemagne. Et dussent toutes les trompettes de
Babylone et de Jérusalem éclater contre ce vœu salutaire, je veux l'exprimer hautement et le maintenir avec force.

J'admets la tolérance; mais je voudrais une certaine dose d'intolérance contre tous les intolérants de la libre-pensée. Puis qu'ils combat-
tent contre nous, tantôt à ciel ouvert, le plus souvent avec hypocrisie,
il faut leur rendre guerre pour guerre. Qu'ils souffrent la loi qu'ils ont
eux-mêmes édictée, et puisqu'ils en recherchent les bénéfices, qu'ils
en supportent les charges. A ce prix seulement, nous assurons notre
salut.

CONCLUSION

On ne peut donc ni accorder, ni demander, ni défendre les libertés
modernes, soit comme un droit émanant de la nature, soit comme un
bien désirable en lui-même, soit comme le remède aux maux dont ces
libertés sont en grande partie la cause. On peut seulement les *tolérer*
pour de justes causes et dans une certaine mesure.

Pour quelles causes? Pour éviter un plus grand mal, pour procurer
un plus grand bien, ou simplement par l'impossibilité du contraire.

Dans quelle mesure? Dans la mesure exigée par leur raison d'être,
c'est-à-dire par le salut public; jamais sans le tempérament qui les
empêche de dégénérer en licence et en désordre. Autrement ces libertés
seraient intolérables.

Jusqu'où peut-on en user? Uniquement pour faire le bien. Ces libertés sont mauvaises; mais on peut les détourner de leur cours naturel, et
les amener à n'être que la liberté de bien agir.

Doit-on s'interdire d'amener graduellement leur suppression? Pas le
moins du monde. Des catholiques, des prêtres, s'ils sont éclairés et
zélés, ne doivent pas se résigner à l'hypothèse du mal triomphant
pour toujours; ils doivent, au contraire, toujours le combattre, ils doivent toujours espérer le vaincre, et s'appliquer, de toutes leurs forces,
à ramener la société dans les droites voies de l'ordre catholique.

Ne peut-on pas cependant les invoquer? « Si l'on pouvait, dit le
savant théologien de Langres, obtenir la liberté de bien faire sans pactiser avec le mal et sans lui assurer aucune licence, évidemment on
devrait s'en tenir là. Mais si l'on ne peut revendiquer la liberté du
bien sans que d'autres réclament conjointement la liberté du mal, ou si

l'on ne peut obtenir, du pouvoir, la liberté du bien, sans que celui-ci veuille en même temps proclamer la liberté du mal, il est permis aux catholiques de poursuivre de leurs efforts la liberté du bien, et de permettre que d'autres obtiennent ou accordent la liberté du mal. Alors, en effet, dit Léon XIII, ce que l'on revendique, ce n'est pas cette liberté, sans mesure et sans règle, mais un certain allègement en vue du salut de tous ; et ce que l'on cherche uniquement, c'est d'arriver à ce que, là où toute licence est donnée au mal, le pouvoir de bien faire ne soit pas entravé ».

Tel est, en quelques mots brefs, au regard des libertés modernes, le devoir du catholique, devoir sacré, comme sont d'ailleurs tous les devoirs.

Une sorte d'épidémie morale empêche de le comprendre et de l'observer. Un fol orgueil, un esprit fragmentaire, des illusions, des défaillances favorisent les ravages du libéralisme. De là, chez un grand nombre de catholiques, l'énervement de toute vertu ; de là, des divisions, des partis ; des guerres intérieures, de là bientôt une grande hérésie, née du libre examen, ayant pour objet un ordre social étranger à toute religion, guerroyant contre l'Église et contre son Christ, pour maintenir les impiétés de sa constitution. Cette guerre est commencée depuis un siècle ; elle s'est poursuivie avec des alternatives de succès et de revers ; elle se continue présentement en France, avec une espèce de froide fureur ; elle espère, avec le concours de catholiques, abusés ou corrompus, obtenir à courte échéance, un complet triomphe.

Avant de finir, nous nous adressons aux honnêtes gens, défaillants et égoïstes, qui condamnent le libéralisme et qui le pratiquent : il nous est impossible de dissimuler que cette censure frappe surtout des catholiques. Pris en masse, ils sont hostiles à l'impiété ; ils veulent la religion, et en ce qui les regarde, l'observent : ils se marient à l'église, ils font baptiser leurs enfants et entendent que le prêtre bénira solennellement leur tombe : cependant, leur foi, entière encore pour la vie privée, ne les empêche pas de trahir la mère de leur âme, la sainte Église. Ce phénomène n'a pas échappé au regard pénétrant des libres-penseurs, et ils s'en réjouissent. Nous ne parlons pas ici des catholiques qui, en temps de persécution, désertent les sacrements et s'éloignent des autels ; nous réservons nos sévérités pour ceux qui assistent aux fêtes, qui suivent les processions, qui sont aux pèlerinages et y communient, et qui affectent en face de la révolution, une attitude plus qu'étrange. La séparation de l'Église et de l'État, cette perfide invention des méchants et le gage premier de leur victoire, ils la prennent au sérieux. Aussi sont-ils durs pour ce prédicateur qui, en chaire, dénonce les erreurs contemporaines et accuse les périls de la situation : ils disent, en branlant la tête, qu'il a fait de la politique. Toute son éloquence échoue contre cette fine observation. Bientôt il ne sera plus permis, quand le loup est dans la bergerie de crier : Au loup !

« Ces néo-catholiques, dit excellemment le P. At, ont l'air de souscrire à la distinction maçonnique entre la religion et le cléricalisme : à les entendre, la religion n'est pas menacée, l'expulsion des religieux, la fermeture des chapelles, la dissolution des colléges, en attendant la confiscation de la propriété ecclésiastique : tout cela, c'est la guerre au cléricalisme. La religion est intacte, car les curés restent avec leurs vicaires leurs fabriciens, leurs suisses et leurs bedeaux. A la vérité, les processions sont interdites : mais elles peuvent se déployer dans les vastes nefs des basiliques. On démolit les croix : c'est pour leur assurer plus de respect dans l'intérieur des temples. Si jamais l'Église est séparée de l'État ; quand le clergé paroissial sera privé de son traitement, les catholiques en question trouveront qu'on nous ramène à la forme apostolique, la plus parfaite de toutes, et qu'il y a lieu de remercier ceux qui nous rendent un pareil service.

« Sur le terrain politique, ils se conduisent en conspirateurs. Dans les élections, ils s'abstiennent ou il votent mal ; car c'est mal voter que de donner son suffrage à un candidat clérical ou douteux, qui proposera au Parlement les mesures les plus désastreuses : ici le mandant et le mandataire partagent une grave responsabilité. Mais il n'est pas sûr que des lois attentatoires aux droits et aux intérêts de l'Église, telles que la laïcité de l'enseignement, le service militaire étendu aux clercs, la sécularisation des cimetières et des hôpitaux les scandalisent : ils répondront encore qu'on n'en veut pas à la religion. La preuve qu'ils ne sont pas très émus des maux de l'Église, que le pape dépeint avec douleur dans ses allocutions et que les évêques déplorent dans leurs mandements, c'est qu'ils prennent part aux réjouissances publiques, instituées par un pouvoir persécuteur : et qu'ils ne trouvent pas mauvais que les cloches mêlent leur voix à la voix tonnante du canon ; le tout, entre la prière du matin et la prière du soir, récitée avec une dévotion capable d'attendrir ceux qui en seraient témoin (1).

Ces chrétiens en l'air donnent encore leur obole à la charité chrétienne ; mais ils la donnent aussi au Jacobin qui la sollicite ; comme s'ils ignoraient que la philanthropie républicaine est la rivale de la charité catholique, et qu'elle soutire l'argent du riche pour arracher le pauvre à l'Église. On les rencontre aux enterrements civils ; pour répondre à une

1. *Les principes générateurs du libéralisme*, p. 607.

invitation banale, ils font acte d'adhésion à l'athéisme. On les rencontre aux mariages civils ; ils consacrent par leur présence la séparation du sacrement et du contrat, sans mesurer la portée d'une politesse qui tourne à la mine des dogmes catholiques. Est-ce sottise ? est-ce malice ? Dans le premier cas, cette engeance n'est pas très éclairée ; dans le second, elle est pervertie ; nous préférons dire qu'elle n'a plus de nerfs.

En somme, bientôt les âmes manquent de principes et tantôt de tampérament. Le défaut de principes a permis au libéralisme de devenir une doctrine reçue ; le défaut de tempérament en a fait une règle de conduite. Pour la vérité intégrale, que reste-t-il dans le monde moderne ? — On croit généralement que cette disposition des âmes profite à la paix ; nous ne demanderions pas mieux d'y souscrire ; mais nous savons, d'ores et déjà, que le libéralisme ne parvient pas à la fonder. Alors même que le scepticisme des uns et l'énervement des autres produiraient ce résultat, nous le regretterions. Nous n'avons aucun goût pour la guerre ; comme prêtre et comme citoyen, nous ne saurions l'exciter sans crime ; cependant nous la préférons à une fausse paix, à une paix qui ne nous apporte aucun bien positif, qui ruine au contraire toutes nos espérances. Cette paix, c'est l'asphyxie à bref délai ; c'est la mort des âmes. Nous nous surprenons quelquefois à rêver l'impossible : la tolérance pour les personnes et la haine pour l'erreur, une haine puissante, retentissante, militante, inexorable, éclatant en coups vigoureux et ignorant l'art funeste des transactions. Est-ce bien un rêve ? Nous écrivons ceci sur nos souvenirs ; la haine de l'erreur remplit l'histoire, elle a fait les grands siècles. Est-il impossible d'en réveiller la puissante éloquence ? Ceux qui allumeront dans leur cœur cette haine, formidable parce qu'elle est sainte ; ceux qui y conformeront leurs actes, peuvent se préparer aux vengeances des méchants, aux dédains des sages, à l'oubli du grand nombre. L'heure est aux violences cyniques, aux calculs étroits, aux apostasies correctes. Dans cette agonie des âmes, la vie est trop courte pour croire que nous assisterons au retour triomphal des pures lumières. Ce sera l'éternel honneur d'un petit nombre d'hommes de notre époque d'y avoir travaillé avec désintéressement.

OUVRAGES DE M. L'ABBÉ PLUOT

Directeur de l'Enseignement Catholique supérieur de l'Institution Notre-Dame

---

Retraite pascale, d'après les Prédicateurs contemporains.
Un beau volume in-12 . . . . Prix **3** fr.

Retraite préparatoire à la première communion et instructions pour le grand jour, d'après les prédicateurs contemporains.
Un beau volume in-12, 460 pages . . . . Prix **3** fr.

Prônes, sermons et homélies pour les dimanches et fêtes de l'année, d'après les prédicateurs contemporains.
Un beau volume in-8°, 1re série. . . . . Prix **6** fr.
2e série. . . . Prix **6** fr.
3e série. . . . Prix **6** fr.
4e série. . . . . Prix **6** fr.

L'Eucharistie, d'après les prédicateurs contemporains.
Un beau volume grand in-8°. . . . . Prix **4** fr.

L'Éducation, sermon de charité prononcé en l'Eglise Saint-Eustache, à Paris, en faveur des écoles libres d'Étais-la-Sauvin.
Une brochure in-8°. . . . . Prix **0** fr. **50**

Retraite spéciale d'hommes, d'après les prédicateurs contemporains.
Un vol. in-8° . . . . Prix **4** fr.

Retraite spéciale des femmes, d'après les prédicateurs contemporains.
Un vol. in-8° . . . . Prix **4** fr.

La mort des Persécuteurs de l'Église et de la papauté depuis l'origine du christianisme jusqu'à nos jours.
Un beau vol. in-12 . . . . Prix **3** fr. **50**

La loi du divorce. — Conséquences pratiques.
Une brochure in-8° . . . . Prix **0** fr. **75**

Imprimerie HENRI JOUVE, 23, rue Racine, PARIS.

www.ingramcontent.com/pod-product-compliance
Ingram Content Group UK Ltd.
Pitfield, Milton Keynes, MK11 3LW, UK
UKHW022350090726
13658UKWH00002B/566